大清后宫生存指南

后宫各妃嫔/小主/宫女生活手册

林月·著

民主与建设出版社

图书在版编目（CIP）数据

大清后宫生存指南 / 林月著. -- 北京：民主与建设出版社，2014.7

ISBN 978-7-5139-0358-5

Ⅰ.①大… Ⅱ.①林… Ⅲ.①宫廷—生活—中国—清代—通俗读物 Ⅳ.①K249.09

中国版本图书馆CIP数据核字(2014)第113473号

©民主与建设出版社，2014

责任编辑	李保华
封面设计	自然卷
内文排版	黄 婷
出版发行	民主与建设出版社
电 话	（010）59417745 59419770
社 址	北京市朝阳区曙光西里甲6号院时间国际大厦H座北楼306室
邮 编	100028
印 刷	北京彩虹伟业印刷有限公司
成品尺寸	170mm × 230mm
印 张	14
字 数	180千字
版 次	2014年8月第1版 2014年8月第1次印刷
书 号	ISBN 978-7-5139-0358-5
定 价	29.80元

版权所有 翻印必究 · 印装有误 负责调换

第一章 想要入宫先选秀

是女人都得拉出来遛遛｜参选资格 / 2
来来来，大家都排好队，我们要挑人了｜选秀啦 / 5
端茶倒水洗衣服做饭，骂不还口打不还手，这些事儿也得有人做的｜宫女选秀和分配 / 12

第二章 闭关培训，嬷嬷很忙

走稳了，站直了，跪好了｜行礼的规矩 / 20
请注意调整气息，声音要温柔，语速要适中，请安要得当｜说话的规矩 / 26
吃不能吃饱，睡不能睡死，话不能多说｜宫女更不容易 / 29

第三章 从今以后，你要和众多女人分享一个男人了

接新娘喽，花车快跟上｜办婚礼这档子事儿，只有皇后有资格（一）/ 37
接新娘喽，花车快跟上｜办婚礼这档子事儿，只有皇后有资格（二）/ 44

接新娘喽，花车快跟上｜办婚礼这档子事儿，只有皇后有资格（三）／50

独守空房不眠夜，老公啊你在哪里｜侍寝制度／59

第四章 紫禁城里的"潮女"们

头上顶个啥玩意儿？压得脑袋疼｜后宫女子头饰／68

休闲、职业、晚礼服……一样也不能少｜冠服制度／74

搭配！搭配很重要｜衣服、场合以及颜色／79

看咱华丽丽的大清特制七分跟｜花盆底鞋／83

宝马香车、雷朋墨镜，显赫包装怎能少｜后妃的车辇卤簿和仪仗／87

土豪姐，我们做朋友吧｜后宫经费面面观／93

第五章 吃不重要，重要的是怎么吃

荤素搭配营养齐全，饭前喝汤饭后甜点……｜后宫嫔妃们都吃什么／100

笑不露齿，吃呢｜关于吃的规矩／104

第六章 人际关系要拎清

三姑六婆大姐大姨大叔大伯｜称呼最重要／110

我能嫁给"直辖市市长"，你就没机会了｜公主要怎么混／114

这两个女人管得最宽｜皇后和皇太后的责权／122

第一章　想要入宫先选秀

是女人都得拉出来遛遛｜参选资格 / 2

来来来，大家都排好队，我们要挑人了｜选秀啦 / 5

端茶倒水洗衣服做饭，骂不还口打不还手，这些事儿也得有人做的｜宫女选秀和分配 / 12

第二章　闭关培训，嬷嬷很忙

走稳了，站直了，跪好了｜行礼的规矩 / 20

请注意调整气息，声音要温柔，语速要适中，请安要得当｜说话的规矩 / 26

吃不能吃饱，睡不能睡死，话不能多说｜宫女更不容易 / 29

第三章　从今以后，你要和众多女人分享一个男人了

接新娘喽，花车快跟上｜办婚礼这档子事儿，只有皇后有资格（一） / 37

接新娘喽，花车快跟上｜办婚礼这档子事儿，只有皇后有资格（二） / 44

接新娘喽，花车快跟上｜办婚礼这档子事儿，只有皇后有资格（三）／50

独守空房不眠夜，老公啊你在哪里｜侍寝制度／59

第四章 紫禁城里的"潮女"们

头上顶个啥玩意儿？压得脑袋疼｜后宫女子头饰／68

休闲、职业、晚礼服……一样也不能少｜冠服制度／74

搭配！搭配很重要｜衣服、场合以及颜色／79

看咱华丽丽的大清特制七分跟｜花盆底鞋／83

宝马香车、雷朋墨镜，显赫包装怎能少｜后妃的车辇卤簿和仪仗／87

土豪姐，我们做朋友吧｜后宫经费面面观／93

第五章 吃不重要，重要的是怎么吃

荤素搭配营养齐全，饭前喝汤饭后甜点……｜后宫嫔妃们都吃什么／100

笑不露齿，吃呢｜关于吃的规矩／104

第六章 人际关系要拎清

三姑六婆大姐大姨大叔大伯｜称呼最重要／110

我能嫁给"直辖市市长"，你就没机会了｜公主要怎么混／114

这两个女人管得最宽｜皇后和皇太后的责权／122

第七章　宫斗是个力气活

出得了厅堂，入得了厨房，打得过流氓，斗得过小三 | 全能也危险 / 131

让你跟我抢，你会死得很难看 | 后宫"谋杀"大全 / 135

兄弟是用来出卖的，姐妹是用来背叛的 | 情谊的真诚度 / 139

站错队伍是要倒霉的 | 眼明心亮嘴巴紧 / 143

皇帝光宠你了，你这不是找抽吗 | 专房之宠 / 147

第八章　"女汉子"的步步高升

我要一步一步往上爬，在最高点和老公举案齐眉 | 后宫女子排序 / 153

儿子，你真给老娘长脸 | 母凭子贵 / 157

鼓掌撒花，恭喜你跳级了 | 越级晋封 / 163

还劳烦公公跑一趟，发封E-mail就行了呗 | 册封步骤 / 166

第九章　潜规则这种东西，从来没有消失过

"我爸是李刚"我怕谁 | 背景问题 / 170

是人总有缺口，我不信我搞不定你 | 贿赂收买 / 176

别"狗眼看人低"，说得上话的还是他们 | 太监的特殊性 / 182

第十章　不按规矩来你就死定了

早请示晚汇报，中午还得来陪聊 | 请安制度 / 191

老妈，我想你了 | 家人入宫觐见的规矩和程序 / 195

不如印个宣传册，每个宫里发几本 | 宫规典制 / 199

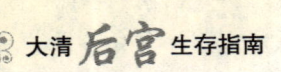

人家的珠翠好看，你也想要？对不起，你还不够格儿｜国库中的宝贝和赏赐对象 / 204

主子你说啥就是啥呗，你就不能原谅我一次吗｜大不敬之罪 / 209

第一章　想要入宫先选秀

　　就如同婚姻是个围城一般，紫禁城其实更是一个天大的围城。在这座看似巍峨壮丽的皇家之城里面，不知道上演过多少悲剧，发生过多少冤案，有多少孤魂野鬼在半夜凄凄惨惨地盘旋，无法魂归故里。然而，这里同时是令人艳羡的，享受不尽的荣华富贵，亮瞎眼的绫罗绸缎，还有挥斥方遒，杀人于无形的无上权力……

　　因此，在外面人眼中，这里便成了最神秘的地方，也是最令人好奇和向往的地方。无数女人怀揣着不一样的目的挤向这里，梦想着一朝得宠，一生荣耀。然而，待到真正置身其中，也许你会发现，每一天的日子都如履薄冰，稍有不慎，便会身首异处，成为飘荡在紫禁城上空的又一缕冤魂。但倘若眼够明，心够亮，为人处世够有手腕，又可能成为后宫中的佼佼者，享尽尊荣。

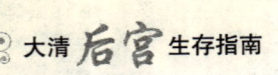

事实证明,高回报伴随着高风险,因此"入宫须谨慎"。

是女人都得拉出来遛遛 | 参选资格

如果按照"皇帝很忙"来给中国历代皇帝排排序,相信康熙皇帝一定榜上有名,因为我们这位清圣祖仁皇帝不但在位时间长,为国家做的贡献多,整日忙于朝政不可开交,而且在繁衍子嗣方面也是非常勤力的。他在位的时候,光是有名有姓有封号的女人就有五十五位,更不要说那些被他信手拈来又很快忘记的女子了。最后数数,他这么忙也是收获颇丰的,一辈子共生了三十五个儿子和二十个女儿,快赶上产儿大户宋徽宗了。

虽然康熙很忙,但这份为他生儿育女的福分也不是谁都能有的,宽阔紫禁城,抬头四角天,想要出来不可能,想要进去也不容易。

不过,女子生在清朝还算是幸运的了,至少比之前任何一个朝代都幸运。在以前,一听说皇帝要选秀,指定区域的未嫁的女子便一个个吓得花容失色,紧赶着找个男人把自己"处理"了,免得进得宫中永无出宫之日,连快乐的滋味都要彻底忘记。到了清朝,选秀制度规则较为完善,且执行起来有条不紊,这就大大避免了"民被扰"的烦恼。

不过,这只是针对汉族女子而言。

如果你"有幸"是位八旗女子,那么恭喜了,你从出生就已经注定

第一章 想要入宫先选秀

是要参加这全国性的重大活动——选秀的。

为什么汉人不能参加选秀,而旗人则必须参加呢?

追究起来,这也和社会制度有关。

在清军入关之前,虽然已经脱离了最后的农奴制,但显然没有得到根除,八旗的旗民们对于最高统治者都有着一种人身依附的关系,而最高统治者也将八旗旗民们视作自己的私有财产,因此,皇帝才能优先享用自己的"私有财产",除非皇帝实在看不下去,不感兴趣的女子,且已经在候选名单上确认"注销"的,才有权嫁与他人。

这个意思就是,只要你是八旗女子,不管长相多么对不起观众,总是要过这一关的。当然,太丑的人很可能去了就被淘汰,只不过走个过场而已,可是这个过场是必须要走,否则,你和你的全家就要大祸临头了,具体是什么祸事呢,《清会典事例》里面会告诉你:"分别议处"。

当然也会出现这样的可能,汉人家的女子,明知自己没有入宫的命,却眼光高于顶,全天下就看上了皇帝这么一个男人,非常想嫁给皇帝怎么办呢?

按照正规的官方渠道来说,两个字:不行!至少在满汉通婚之前是不行的,汉人在当家做主的满人面前,根本就是"亡国奴",怎么有资格入主皇家呢!

不过慢慢地,当大清皇帝们感受到,他们从偏安一隅的白山黑水之地,挪腾到这偌大的北京城,掌管从南到北泱泱几百万平方公里的土地，没有汉人力量的支持是不行的。因此"满汉通婚"才被提上了议程。但这个"汉"，也是有讲究的，必须是汉军旗的人。

何谓汉军旗呢？早期的汉军旗是由辽东等地被满洲统治的汉人组成。皇太极最初建立汉军，下令从所属的满洲八旗的汉人壮丁中每十人抽出一名组成一旗汉军，共分为西旗。随着军队的发展，把汉军扩为八旗。要是汉军旗的人继续立功了呢，就能够抬为满军旗了。随着身份地位的提高，其家中女儿也就具备了进宫选秀的资格。

还有一种汉人女子要参加选秀的方式是非官方的，说白了就是"造假"。这又分不同的情况了，比如这满族男子和汉族女子互生情愫还生了女儿，十多年后真心想把这个女儿送进宫选秀，就得提前打好主意了。这男人家里的大老婆得摆平吧，得让人家心甘情愿认了这个私生女吧，才好把女儿的名字写进户口册里，隐瞒一半汉人血统，成为这一家的人。

还有一种情况就更危险了，直接冒名顶替，代替某个满人家的女儿去参加选秀，用别人的名字，称呼别人的爹娘为爹娘，最好彻底忘记自己是谁，完全进入角色。

当然，这造假不分轻重，一旦被发现，那罪过可就大了去了，不是当真国色天香且对"成为皇帝的女人"充满无限渴望的女人，轻易不敢如此铤而走险。

第一章　想要入宫先选秀

来来来，大家都排好队，我们要挑人了 | 选秀啦

那么，这旗人选秀究竟有些什么规矩和讲究呢？

我们普遍认为选秀这件事情是三年一次，但实际上，清朝的选秀分为两种，一种为三年一次，一种为一年一次。

这三年一次的，选择范围小一些，为八旗中官员家的女儿，年龄在十三至十七岁之间，经过层层筛选之后，会被带到皇帝面前由这位最高统治者亲自挑选，喜欢的，带回后宫慢慢沟通感情和商讨传宗接代的大事；没感觉的，可以为王公贵族增加点福利，指个婚什么的。

这过程说起来简单，但真正操作起来，还是非常繁冗的，主要这也是皇家的事情，来不得半点马虎。

首先，由户部的那些官员翻着各种皇历，掰着指头计算天干地支等等，确定出一个适合选秀的好日子，然后行文，通俗点讲就是写一个公告，再抄写数十份，发往八旗的二十四都统、直隶各省的八旗驻防以及外任的旗员。

接到通知的各级官员，要进行的工作就是将家中适龄女儿的详细个人档案整理出来往上呈报，这个工作要由参领、佐领、骁骑校、领催以及族长逐一具结呈报给都统，然后汇总到户部。户部呢，就要挑选好日

子，再次行文到旗，这一次的行文就是一个通知，告诉各家人，你们要于某年某月某日，带着适龄的秀女入宫来参加选阅。

接下来，这些秀女就在指定的日子，收拾打扮、淡妆素裹，由参领、佐领、骁骑校、领催、族长、秀女本人的父母或者亲叔伯父母兄弟的妻子送到神武门去排队。这去排队的时间很重要，必须是半夜三更的时候，所以，你要是怕到时候熬不住，最好头天多睡会儿。要是怕饿了，那晚饭就多吃点儿。

可能你要问了："那大姑娘家的，你让我走着去呀？"放心吧，宫里头挑秀女，也是要讲究体面的，每人配骡车一辆。到了神武门将你放下之后，你的骡车是不能停在原地等候的，必须驶开。而且紫禁城中有一个规矩，"不走回头路"，这来到神武门，就不能再顺着原来的脚步折回去了，必须从神武门夹道出东华门，由崇文门大街绕到北街市，然后到达后门，再进入神武门。这么做的目的，一来是遵循行车的规矩，二来得等等你呀，万一你这边落选了，好直接将你拉回去嫁人。

你下车之后，定会看见乌泱泱一大堆女子，大家都在等待着决定自己命运的时刻。这一等，就要等到雄鸡破晓，然后就能看到宫里的太监尖着嗓子来喊人了，他会让大家排好队，然后引着一帮妙龄女子穿过神武门的门洞，到达顺贞门外等候挑选。这就可以见到皇上了？

你就别高兴得太早！你想啊，举国上下那么多的秀女送过来，而且质量良莠不齐的，你想让皇帝自己来一一验看，他老人家哪有这个工夫！耽误朝政不说，这百花看多了也是会腻的。因此，这个步骤都是由

第一章 想要入宫先选秀

太监首领来主持工作,你和你的小姐妹们会被分成五人一组,到太监首领面前,由对方来逐个验看。

这个分组依据是什么呢?从顺治选秀伊始,这依据就是你的身份证:"先满蒙,后汉"。没办法,谁让这是满人执掌天下,当然是他们的民族优先应选了。

当然,这个选秀的时间也不是光聚在一天,大家都会累的嘛,即便是太监来看人,也同样看不过来呀,于是便有了每天选两旗的规定。先后顺序呢,也不是严格按八旗的排序,而是根据各旗送来秀女的人数,平均搭配。比如挑选正黄旗和镶黄旗的秀女,那么正黄旗下的满族、蒙族和汉族分成三组,每组按照年龄排好顺序,逐一进行挑选。

这里头其实就暗藏学问了,这负责验看秀女的太监首领可不是一般人啊,(已经阉割的当然不是一般人,可我说的是他的权力,权力!)在这件事情上,太监首领是完全说了算的,你就算国色天香、顾盼生辉、出水芙蓉大美人一个,但也不能因此而骄纵过分,你要是高高在上得瞧不起那老太监,哎,对不起,你的宫廷生涯就要因此而止步了。什么,你说这不公平?大小姐,这紫禁城可就是普天之下最不公平的地方了不是?

而且,你根本没搞清楚重点。以"万恶淫为首"的理论来说,选秀采用的基本依据并非容貌,而是"品德"和"门第",你想啊,这是要嫁入皇家,不门当户对点怎么行?就算地位稍微低些,没有门第怎么行?身在宫中陪伴皇上,和那么多的姐妹"争风吃醋",没有一点不怒不争的品德怎么行？

你又不高兴了，"后宫那些黑暗的宫斗，不都是这些号称品德高尚的女人闹出来的吗？"别着急啊，人总是会因为环境而改变不是？回想一下你十三四岁的时候，不单纯得像一张白纸似的吗？

因此我要说的是，如果你在太监首领初步验看的时候就表现得"没有品德"，得罪了对方，那你就死定了。不管你长得如何沉鱼落雁闭月羞花，相面师都可以说你面藏凶相或者克夫相，结果不难猜，你就等着收拾东西回家嫁人吧，也许因为这"克夫相"的定论，搞得嫁人都困难也说不定。

看完了面相，就要看身材，这只是初步验看，主要就看看穿着衣服的时候是否正常，有没有弓腰驼背，还有是不是太高或者太矮，站在皇帝身边是否搭调。要是皇帝只是个一米六高的小个子，相信任哪个工作人员也不敢为皇帝挑选一个一米八大个儿的秀女的。

这第一环节通过之后，就要进入第二个环节：验身。这个环节有两个工作重点：第一，看看此女子是否为处子之身；第二，看看此女子身体上面是否有缺陷。这个环节就是全裸上阵了，因此不管你是多么含蓄的大家闺秀，一样要赤身裸体地忍受着嬷嬷们用各种量具在你身上比画，三围、颈长、臂长、腿长……那些让你引以为傲的优点或者不为人知的缺点全部幻化成一组组冰凉的数据记录在案，供内监的人参阅。

这个环节通过之后，就证明你通过初选了，这样才有资格站到皇帝、皇后和太后面前进行复选。

第一章　想要入宫先选秀

那么一番繁冗的工作，其实归结起来就是两部分，第一是通知举国上下的臣民，所有适龄的、地位符合选秀家庭的人家，可以给女儿准备起来啦。第二就是把秀女的个人档案建立起来送到宫里面库存，算是一个身份的认可和证明。如果选秀那天实在没有什么"建树"，就回到等着你的骡车上，回家自行婚配吧。

也可能出现这样的情况，恰逢选秀时间，你却生病了，不宜出门传播病毒，怎么办？别着急，自然会有人帮你办好手续，等到三年后再次送选。总之，不过皇帝的眼，你休想做别的打算！当然也有例外，如果你体质非常羸弱，一到选秀的时候就大病不起，熬过了两届选秀，年龄超过十七岁，就可以自动弃权了。

还有一种情况，你可能天生带那么点残疾，并不适合入宫陪伴皇上，这一来可能会令龙颜不悦，二来嘛，遗传基因也不好。怎么办？别以为就没什么事儿了，你想因为残疾得到国家的"优待"，怎么也得有个证明吧。

于是，赶紧上报族长呀，然后需要族长、领催、骁骑校、佐领等官员层层留档上报，最后呈送到各旗都统面前，说明原因，再由都统报到户部，户部呈给皇上，直到皇上自己大笔一挥，你这"残疾证"才算坐实了，可以不用参加选秀了。

现在各个电视台层出不穷的选秀节目，灵感大概也得益于古代选秀女的制度吧，这既然是"选"，就不可能一次到位，总是要有初选和复选的。

初选通过了的秀女，称为"记名秀女"，也就是登记造册了。这记名的时间一般为五年，在这五年中，该秀女是属于皇家的财产，不能私自聘嫁的。除非在复选的时候被淘汰了，那便重新拥有了自由之身。不过，也有一类人就非常倒霉，身为应选女子，已经被选中了，但迟迟没有机会参加复选，以致记名之期已过，那就自认倒霉吧，因为按规矩，这样的女子只能终身不嫁了。

你要说规矩太苛刻，没有人情味？或者法不外乎人情，关系到位还是有例外的？那可不一定，且看乾隆年间，两广总督玛尔泰女儿的事例便可一窥全豹。不知道什么原因，玛尔泰的女儿年逾十七却从未入选，这大闺女候在家里，宫入不得，人嫁不得，玛尔泰老爹着急啊，于是上书乾隆皇帝，希望皇帝能开恩，让自己女儿得以嫁人有个归宿，没想到乾隆皇帝将奏折一扔，即命人传话，把玛尔泰大大申斥了一番。请求也就自动驳回了。你看，这号称"十全老人"的乾隆爷，着实不愿在女人的事情上坏了规矩。

这初选过后，便是复选。这次呢，就是由皇帝以及皇太后亲自来挑选了，如果皇帝已经大婚了，那么皇后自然也要陪伴着皇帝共同来为自己挑选"情敌"。这个过程其实比较简单，一般选上来的秀女，轻易不会再淘汰出去了，因为她们即使长得不怎么样，也算是有品德有门第的，各方面外在条件都基本符合，皇帝当然也不愿因为不喜欢哪个女子，就轻易地要去得罪她背后的庞大家族，毕竟，皇帝也是要靠群臣支撑的。

那不喜欢怎么办？好办啊，指婚给亲王就是了。这样既不难为自己

第一章　想要入宫先选秀

的眼光感受，也做了个顺水人情。

当然，这不同的皇帝当朝的时候，选秀的细节上面也还是会有差别的。很多位皇帝也会不辞辛劳地在秀女入宫参选的时候，就坐在体元殿中，故作神秘地眯着眼睛，干着留牌子，或者撂牌子的"勾当"。

那么这一年选一次的秀女又是什么情况呢？

这次波及的范围就要广一些了，主要是为了增补后宫的工作人员，因此秀女可以从内务府所属的上三旗中挑选包衣人家的女子。这些女子自然没有资格让皇帝亲自来挑选了，要求也低很多，只要年满十三，不瘸不残，长得不要那么抽象的，一般都能入选，反正进宫也是做宫女伺候主子。

不过，当什么样的宫女，伺候哪位主子，命运都会出现极大的差别，如果伺候一位出镜率较高的主子，那么接触皇帝的机会也比较多。大家都知道，皇帝都是花心的嘛，即便心不花，眼也是花的，说不定哪天醉眼蒙眬地就看上嫔妃身边的小宫女了，搂过来一番临幸，这小宫女很可能飞上枝头变凤凰，要是再一朝得子，说不定还能凌驾于曾经的主子之上呢，所以这宿命的事情，谁都说不准。

如果，没有得幸于皇帝，其实从另一个角度来说，也算是一种幸运，因为只要平安熬到二十五岁，便可以达到"退休年限"出宫去嫁人了。不过，也不要高兴得太早，这也是纸面上的规矩。宫女在深宫中的命运是外人所想象不到的，想要出宫，那也得活得到这个年岁呀……个中凄凉，我们放到后面再慢慢说。

端茶倒水洗衣服做饭，骂不还口打不还手，这些事儿也得有人做的 | 宫女选秀和分配

前面说到这一年一选的秀女，是从内务府所属的上三旗的包衣中挑选。什么是"包衣"呢？这是个音译词，其实就是家奴的意思。"一代为奴，代代为奴"，这在封建社会，是铁的定律。因此，奴才家的孩子，也要送进宫里当奴才。

一开始呢，大家都遵从祖制，不管是皇后，还是伺候人的奴婢，统统以"选秀女"的方式入宫。可是，这秀女和秀女之间的政治地位是截然不同的，后来为了区分，到了清朝后期，包衣三旗的女子入宫就不再成为"选秀女"了，而叫作"选宫女"，或者是"引见包衣三旗使女"。

你肯定会说了："谁愿意进宫当奴才啊，要我选，肯定只选择做一人之下万人之上的皇后！"可是大小姐，天底下要是人人都能当皇后，这皇后也就没什么稀奇的了，皇后只有一人，而后宫女子千千万，什么样的人有什么样的命，也是挣扎不得的。即便你真的荣登皇后宝座，难道身边不需要人伺候吗？难道不需要有一两个忠心耿耿而且耳聪目明的宫女替你办诸多踩界的事情吗？再说了，你这也是站着说话不腰疼，你要是出身名门，自然也是成嫔成妃的命，可宫女她本来就出身低微，而

第一章　想要入宫先选秀

且很多都是穷苦人家的孩子。这孩子入了宫，不但能省下家里的口粮，而且年满二十五还能带着点微薄的银子（十两）回家，这对家里也是一种贡献（美好的愿望），因此很多人家还是愿意把女儿送进宫里当宫女的。

于是，宫女不可小觑，咱还是得细细认识认识。

先说说选宫女这件事情，它同样由内务府负责，这里头也是有一系列程序的。

首先，要由盛京总管内务府会计司负责制作备选宫女的花名册，然后排单进呈。待到京师行文的时候，便齐聚京师备选，这进京所花的车马费，则由广储司派发。

你不要觉得只是选个宫女进宫干活儿，无所谓其他，只要手脚齐备且利索就行了。咱大清可是讲究的朝代，宫女也需要根红苗正，尤其是侍奉那几位重要的主子的。光从采选的规矩中就能看出端倪。

这备选的宫女要求必须要穿正装，即她们的旗装，"时俗服饰"，也就是说汉人的那种宽衣大袖子的衣服是不准穿戴来参选的。好，这采选时间到了，备选宫女们就得齐排排、精神抖擞地在顺贞门外站好。这时候，国家公务员出场了，他们有的负责在神武门内朝房两旁拉好绳墙，有的负责维持秩序，有的负责点名，让备选宫女们顺着绳墙排好队，虽然人多，但步骤有条不紊，绝不会混乱。

在这个同时，送这些姑娘来的车子和她们的家人都排队在神武门外等候着，没被选中的女子就可以出来直接回家了，当然，这回家之前也得守规矩，车有车道，不走回头路，车子排好队往出走，谁也不许插队往前跑。

这选宫女的第一关，实际上门槛并不高，只要你不是眼歪嘴斜、缺胳膊少腿、说话不利索的，基本都能被选上，可话又说回来了，被选上宫女有什么可稀奇的呢，注定半生苦楚罢了。

这一道关过了之后，才真正知道这深宫内院的可怕。首先，新来的小宫女们都要参加考试，"试以绣锦、执帚一切技艺，并观其仪行当否"，考试及格的，留宫录用，考试不及格的，那就不好意思，出宫去吧。

出宫去的命运如何我们暂且管不着，先说说这考试及格了的。你读书的时候，暑假前的那次考试及格了，是不是就意味着升级啦？在宫女这里也一样，初级的活计会做了，就要升到中级，"教以掖庭规程，日各一小时写字及读书，写读毕，次日命宫人考校，一年后，受以六法"。这些参加学习的孩子中，成绩较为优秀的，就有机会当上班干部了，在后宫中我们称为"女官"。

不过在此之前，还有很多事情要完成。

首先，你入宫了第一件事情就是要剃头洗澡。宫里人避讳，很怕你把什么虱子、跳蚤，或什么传染病的带进宫里来。这次剃干净了之后，才能慢慢把长发蓄起来。

其实，这学习也是件非常艰苦的事情。先说这授课老师，那都是宫里面的老宫女了。经验和脾气都是"满血"状态。她们属于什么情况

第一章 想要入宫先选秀

呢？基本都是年满二十五后，因为各种原因没能出宫，而注定一辈子得待在宫里的人。需要注意的是，这些人并非表现不好，被惩罚留在宫中的，而是表现非常好，深得这个或那个主子喜欢，特别"赏赐"留在宫中的，这可是"厚恩"哪。

不过在这些老宫女心中，并非都是心怀感念的。你想啊，年轻时候苦苦煎熬，忍气吞声忍辱负重，小心谨慎地活着，攒了不多不少的嫁妆，满怀对未来生活的憧憬，却在二十五岁时灰飞烟灭。从此不再想宫外之事，只能想着怎样继续在宫里好好活着了。自然是憋了一肚子的委屈和愤恨。现在呢，有一批少不经事的小宫女交到手中来调教，端着自己活那么久的实战经验，再加上长期压抑到已经扭曲的心，试问有哪位姑姑会是慈眉善目的？动辄打骂那是常有的事情。何况，她们本来就是要教新来的如何去伺候主子，在没接触到主子之前，先得把她们伺候舒服了吧！

不过这些姑姑虽然大多脾气都很差，但"严师出高徒"，调教出来的宫女也都算得上机灵懂事，未见主子面，就能把各宫主子的脾气性格、个人喜好摸个八九不离十，这就避免了以后因为伺候不好触怒主子而带来的生命危险。如此看来，姑姑虽可恶，却是你"后宫生存法则"的第一任导师，如果没有她们，不知道要枉死多少不谙世事的少女。

新来的宫女过得了姑姑这关，基本就可以上岗服役了。

史料曾有记载："乾清宫置夫人一人，秩一品；淑仪一人，秩二品；婉侍六人，秩三品；柔婉十二人，芳婉二十人，俱秩四品。"这些人各司其职，有条不紊地工作着。可是到了咱大清，因为有了"内务府"这个机构，实际上宫内的人事、财物、礼仪以及众人的各类杂事都由他们管，女官这个职务就没有多大实权了，可谓形同虚设。

可是，在宫女之间，依然存在着非常严格的等级划分。你要是学习成绩好，而且人也长得灵光，那有可能会被分到有地位的主子那里，比如皇后、皇太后或者贵妃什么的。要是呆呆笨笨的，可能就被分到劳动单位，比如浣衣局、辛者库什么的，那都是干体力活儿的地方。

你可能会觉得"不屑"，"这有什么嘛，地位越高的人，不是脾气越大，越牛气，越难伺候吗？所谓伴君如伴虎，不如躲得远远的，干点其他活路熬到能出宫的日子多好！"可是"狗仗人势"这句话是怎么个意思来着？好吧，也许这么说有点不好听，那咱来点文雅的，比如"背靠大树好乘凉"，意思就是你要是靠上了一个地位高的主子，你自己出门的时候也风光，办什么事情的时候也便利，很多人都要看你的脸色行事，这种高高在上的感觉不得不说是四角高墙内唯一能让人有存在感的方式了。

按照宫里的规矩，地位不同的主子，身边宫女和太监的编制是不一样的。在康熙朝就立下了规定，皇太后配有十二名宫女、皇后配十名、皇贵妃和贵妃都配八名、妃嫔配六名、贵人配四名、常在配三名、答应配两名。虽然宫规典制上是这么规定的，但实际上并没有如此严格地遵循制度。皇帝多宠爱谁一点，也可能多给这位主子派些宫女，生怕伺候不过来的样子。

第一章 想要入宫先选秀

那么这些主子身边的人选分定了以后,剩下的宫女就会被分配到宫里其他部门做活儿,这个分配活计呢,完全由内务府来负责。当然,在咱大清后宫,宫女的工作岗位是流动性最强的,谁要是稍微犯了点小错误,就有可能被主子责罚,扔到"洗衣房"去整日浆洗衣物。这还算是轻的了,万一触了霉头,替这个姑姑或那个太监顶罪,那真是死得冤枉又不得不死。

当然还有更惨的,莫名其妙就死了。比如在道光年间,"某夜,宣宗在乾清宫盛怒,厉声呵斥,立召值班侍卫王某入宫门,授以宝刀,令一宫监带至某宫第几室,于床上取一宫眷首复命,不知其为何事也"。这可怜的宫眷白白在睡梦中丢了性命,直到几百年后,也没人知道为什么。

饶是如此,还是很多人争抢着想到地位高的主子面前伺候,所谓风险越大,投资回报率越高嘛。不长眼的可能因为这样或那样原因毙命,但也有一些灵光的,在无数忍辱负重的日子中挺了过来。这样能够获得的好处如下:

第一,月例银子可能达到二十两。这是账面上的数字。

第二,胭脂水粉无数,都是定期到内务府去领,但你若是个红主子面前的红人,就能领到最好的,这应该就是海蓝之谜和雅芳的区别吧。

第三,你还能有无数的灰色收入。比如今天哄得主子高兴了,一支掉了一颗珠翠的奢华簪子就顺手赏给你了。你不能戴它,但可以通过其他渠道悄悄送出宫去卖钱。

第四，你还有可能直接获得皇太后或者皇后的恩宠，为你的母家博得富贵。虽然这个概率是非常低的，但这事儿就像买彩票一样，饶是五百万远在天边，眼前满世界炮灰，依然有人前仆后继地去给彩票站送钱，渴望着成为炮灰中那个永生者。

第二章　闭关培训，嬷嬷很忙

有道是"伴君如伴虎"，这伺候皇帝可不是件容易的事情。皇帝高兴了，赏你金山银山都不为过，但要是不高兴了，随便找个由头，你就看不到明天的太阳了，这种事儿也是有的。因此在皇帝面前，人人得倍加小心，抖擞精神，一方面呵护自己的小命，一方面也表示对皇帝的尊重。

可是，作为初来乍到的秀女，连皇帝的面都没见着，如何去了解皇帝呢？这就需要有人不遗余力地将自己积攒的经验教给你了。这位老师要是尽心尽力，而你又聪明好学，就可以在短时间内了解后宫中的关系网以及严苛的规矩，但你要是仗着自己是主子，而且有个位高权重的爹就趾高气扬，那保不齐这不用心的老师会教出怎样的学生……

无论如何，既然已经入宫，就要向前看，学规矩，学礼仪，学人际关系，学得把自己变得不再像自己……借用《甄嬛传》中的一句话：

"在这后宫之中，要想升，得了解皇上的心思，而要想活，得了解各宫主子的心思。"

走稳了，站直了，跪好了 | 行礼的规矩

咱大清是中国最后一个封建王朝，虽然是少数民族一统天下，但在维护封建等级制度和宗法制度上，满族人民和汉族人民在骨子里并没有什么区别，都讲究皇权至上。那么如何来维护这个皇权呢，一来不外乎制定宫规典制和律法，二来就是严苛的礼仪。

在前朝，大臣们如何向皇帝行礼，在这里就不赘述了，反正咱整天守在后宫，也没有机会去见识那些。但在后宫中，礼仪同样也是重中之重的项目，新入宫的秀女在分配到东西各宫之后，就会有专门的嬷嬷负责教习，主要就是教给你宫里的各项规矩，让你能够大方体面地活在这里。

有人教你的时候就要好好学，要是上课开小差了，哪里没有记住，等到将来不小心丢了性命，可不要怪嬷嬷们工作不认真哦。

在上这第一堂课之前，我还是应该先打岔，交代一下各位小主的住处，以及这住处的由来。

在紫禁城中，不用强调，只生活着一个正版的男人，他就是皇帝。剩下的那些长着男人样子的太监，大家都知道算不得真正的男人了，因

第二章 闯关培训，娘娘很忙

此可以在说到男人的时候忽略不计。那么剩下的就是一大帮女人，不管地位高低，反正都是女人就是了。当然，这些女人为皇帝生下的皇子不算，总的情况就是：一大帮女人围着一个男人转。

咱们这个正统的男人呢，通常都住在养心殿或者乾清宫里头。一来，这两座宫殿都处在紫禁城中轴的位置；二来，这两处都宽敞明亮，霸气外露，实在也只有真龙天子才降得住。

以此为分割点，女人们就顺势被安排到了东西六宫居住。这东六宫分别为钟粹宫、承乾宫、景仁宫、景阳宫、永和宫、延禧宫。西六宫则包括储秀宫、翊坤宫、永寿宫、咸福宫、长春宫和太极殿。这宫殿只有十二座，但后宫女子众多，根本分不过来，因此很少有人能够一个人独享一座宫殿，因此，每一宫里都有一个主位，她地位最高，有决策权以及惩罚权。

当新晋秀女全部确定之后，内务府即刻就会将名单整理出来，然后根据各宫居住的人数以及各位秀女的位分来分配哪个人去哪个宫里居住。内务府的分配是做在明面上的，待到名单调整好，便要送呈给皇后阅看，等皇后批准。

于是呢，事情就开始有了潜规则的成分。一般情况下，在选秀的时候，皇后是同皇帝坐在一起看的，皇帝看上了谁，相信皇后心中明镜似的。抑或这些秀女中就有皇后娘娘一眼看上去就十分不顺眼的。还有一种情况是这其中有皇后的亲戚。那么在阅看名单的时候，皇后就会行使这后宫之主的权力，调换这么一两个人，把自己想护着的人调换到好一点的宫里去，把那些与自己非亲非故且很可能得宠的调换到其他宫中。

这情形就像《甄嬛传》中所演，宠冠后宫的华妃听说皇帝对新入秀女甄嬛另眼相看，便动用自己协理六宫的权力，将甄嬛安排到了远离养心殿的碎玉轩，这里不但偏僻，而且一宫主位已经被打入冷宫，十分不吉利，妄图用这种方式阻碍甄嬛的晋升道路。

题外话说完，咱们接着说这行礼的事情。

在咱后宫中，日常的行礼大概分为四种：下跪叩首礼、下跪礼、道万福礼以及额首礼。这其中最隆重的当然就是下跪叩首礼了。

这下跪叩首礼是有严格的分解动作的，即：一肃、一跪、三叩，还有就是六肃、三跪、九叩。咱从字面意思来理解一下，所谓"肃"，就是肃立；"跪"，即下跪；"叩"，即叩首，也就是磕头的意思。那这"一肃一跪三叩"的行礼步骤连贯起来就是先笔直站好，右腿向后迈一小步，双腿同时弯曲，然后右膝盖先着地跪下，左膝盖跟着着地跪下，这个过程中双手先要撩旗袍，保持在下跪状态的时候旗袍的前襟是铺在地上而不是压在腿下的，双腿虽然在活动，但上身一定要保持平直，待到跪稳之后，双手伸向头前，同时俯身叩首，以前额碰地为准。三次叩头之后倒着行使刚才的顺序起身，一次叩首礼就算完成了。当然，"六肃三跪九叩"就得重复三次这个过程，是为最隆重的叩首礼了。

下跪礼在晚清时候比较盛行，究其原因，晚清宫中女子在穿吉服的时候，一般就不再搭配吉服冠，而是改为带钿子。至于什么是钿子，在后面的章节我会详细介绍，现在要说的是，这钿子戴在头上倒是非常美

第二章 闭关培训，嬷嬷很忙

丽，但对于人的活动范围是有一定限制的，要求脑袋保持端正。因此，行下跪礼的时候就不再叩首了，而是抬右手到脑后，扶两把头翅一下，这就表明我的头和手是在一个水平线上了，和双手铺地再磕头差不多。

道万福礼源自古老的满族礼仪，表达的是一种晚辈对长辈的尊重。行礼的时候，右腿向后迈一小步，两腿相交，同时右手朝上左手朝下，十指相交，放到身体的左侧，身体保持正直，然后下蹲，口中当然还要念念有词"请某某安"之类的。

最后说说这颔首礼。顾名思义，颔首就是点头，在四种礼仪当中属于最低级别的，适用于对待地位比自己低的人。

这礼怎么行，共有几种，相信你已经有所了解了，但问题是，这礼该对着谁去行？对于地位不同的人，行不同的礼的区别在哪里呢？咱们现在就来仔细说道说道。

先从皇帝这一辈说起吧，毕竟这辈人是后宫主流。对于皇帝那些还没出嫁、待字闺中的姐妹来说，请安肯定也是不可避免的。尤其是对待中宫之主——皇后。虽然对于她们来说，皇后可能是她们的弟媳妇或者是嫂嫂，但人家是皇帝的正室，尊贵的地位摆在那里，因此她们见了皇后，也得行个道万福礼。而皇后呢，行个颔首礼回了就行。

皇帝的姐妹们虽然基本不参与后宫争斗，但置身这个大染缸中，还是懂得看人下菜碟，跟红顶白的。虽然后宫位分有着严格的区别，可是得宠的和不得宠的，有孩子和没孩子的，区别还是很大的。这公主们见了得宠或有后嗣的嫔妃，通常还是会行个道万福礼，这样一来讨好了对方，二来也避免给自己惹麻烦，万一这宠妃不高兴了给皇帝吹耳边风，这样就不好了嘛。但对于那些常年见不到皇帝的后妃，即便位高至皇贵妃，也可以用个颔首礼敷衍过去，反正你都不得宠了，谁怕谁啊？

要是遇到贵人及其以下位分的女子，这行礼顺序就倒过来了，公主们就可以坦然地等着对方先给自己行个下跪礼，再还以颔首礼就行了。因为皇帝的这些女人啊，自贵人以下那是没有什么身份和头脸的。除非你特许，否则只要她不行下跪礼，就是犯了大不敬之罪了。

当然，地位高如皇太后和皇后，每天行颔首礼的时候就会比较多，尤其是皇太后，这多年的媳妇熬成婆，终于可以坐在宽大的榻上，接受所有人的跪拜，而无须再向任何人跪下了。（拜祭列祖列宗和菩萨时除外）皇后呢，也只需要向皇太后和皇帝两个人跪下行礼。那么在剩余的那些妃嫔中，相信你不难理解，按照地位往下推，总之是地位低的人要向地位高的人行大礼。

也许你要问了，这同辈人之间好理解，那么晚辈呢？皇帝总不可能每个孩子都是儿子吧，总有一些女儿呀，这些公主们的地位如何呢？是不是所有的晚辈都得向长辈行大礼呢？

按照尊老爱幼的传统礼仪来说，晚辈向长辈行大礼那是理所应当的事情。可是在那嫡庶尊卑有别的封建社会，就未必是那么回事了。按照嫡出和庶出的概念来看，皇帝的公主就应该分为这两类。除非皇后没有诞育公主，那另当别论，否则，这嫡出的公主和皇帝的姐妹们所遵循的行礼规则是一样的。

第二章 闭关培训，嬷嬷很忙

但是庶出的公主就比较麻烦了。

首先，对皇后肯定要行下跪叩首礼，因为这一位不但是长辈，还是后宫之主。

其次，对于比自己生母位分高的人，要行下跪礼。

再次，对于自己的生母也要行下跪礼，除非你的母亲是某位主子身边的宫女，被皇帝一夜情之后有了你，生下你之后又未得加封，而你又是个女的……听起来真的很惨，这样的话在外人面前倒是无须再向母亲行下跪礼，关起门如若你想给母亲磕两个头也是可以的，但一定注意要避人耳目哦。

最后，对于和自己母亲位分一样的嫔妃们行道万福礼，对于位分比自己母亲低的女子，行颔首礼或者无须行礼。这样看起来虽然有些无礼，不过也没办法，即便你是庶出的，但也许你能做到乖巧可爱深得圣心，成了你皇帝爸爸的掌上明珠，那你在出嫁前横行后宫是完全有可能的。妃嫔之间虽然善妒，但不会贸然地来害你，因为你即便得到了皇帝的宠爱，却和她们的利益并不冲突。用今天的话说那根本不是一条道上的！因此你不向那些你或许连名字都叫不上来的常在答应们行礼，实属正常。

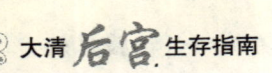

请注意调整气息，声音要温柔，语速要适中，请安要得当 | 说话的规矩

凌晨五点，按照自然规律，你睡醒了，（因为晚上睡得早，所以醒得早）负责值夜的宫女一听到你翻身的动静，立刻警觉地爬了起来，等到你睁开眼坐起来，整个寝宫就忙碌起来了，有人伺候你穿衣服，有人伺候你漱口，有人伺候你洗脸，有人伺候你梳头……

享受着呢？有人伺候的感觉不错？是这样的，不过你也知道，起这么早并非闲来无事，按照宫里的规矩，请安规矩大过天，你是得先去向婆婆和"大姐"请安的。

一切收拾妥当，你的贴身侍女就跟着你出发了，如果婆婆，也就是皇太后还健在，并且精神矍铄，每天经得起儿子这各宫嫔妃花枝招展的刺激，那照理是要先去向婆婆请安的。

进了门，先行一个下跪叩首礼，嘴里念念有词道："给老佛爷请安，老佛爷吉祥……"好吧，你玩儿完了，你光明的前途，伟大的设想，即刻就要灰飞烟灭了……敢情你这是毫不尊重史实的乱哄哄的清宫剧看多了！为什么呢？因为你呀，说错话了，或者说，你这请安语完全放低错乱了自己的身份。

第二章 闭关培训，嬷嬷很忙

咱们哪，先纠纠错。在这句简短的请安中，共用错了两个词语，第一就是这个"老佛爷"。"老佛爷"这个称呼的出现应该是到清末时候了，是宫里一些内侍太监们私底下对慈禧太后的称呼，提到慈禧太后的时候说老佛爷，那表示自己很受宠而且与太后亲近，可这也只是私底下的称呼，当着慈禧太后的面儿是绝对不敢这么喊的。

再往前点儿，乾隆朝的时候，也出现过这个称呼，那是因为乾隆皇帝活的时间太长了，一些近侍太监也曾在背后称呼乾隆为老佛爷或者"老爷子"，不过这仅限于在太监中间流传的称呼，大臣和后妃们也断然不会这么叫的。

那么正确的称呼法是什么呢？其实，不管是皇帝还是朝臣以及后宫嫔妃们，对于皇太后的称呼都是规规矩矩，就称为"皇太后"。

再说这第二个错误，就是这"吉祥"一词。道吉祥，同样是在太监当中流行的问候语，作为有地位的后妃，是绝对不会使用太监的常用语去问候皇太后的。

纠错完毕，你弄清楚这请安语该怎么说了吗？来练习一遍："臣妾恭请皇太后圣安。"没错，就是这样，在下跪行礼的同时说出这么一句请安语，说的时候，声音不可以太大惊扰了皇太后，也不能太小导致老太太听不清；语速不能太快含糊其辞，也不能太慢得一字一顿，否则，都有可能触怒皇太后。要是你让自己的婆婆不高兴了，在后宫中的日子，就有得小鞋穿了。

你还别皱眉头，这给皇太后请安的资格也不是每个人都有的。想想啊，你的皇帝老公三宫六院上百号女人，要是每天早晨全部都来向皇太后请安，那这老太太整天也不用干别的事情了，光是回个颔首礼就得弄得脖颈抽筋……所以，一般情况下，只有嫔及以上位分的后妃需要向皇太后请安，因为大家毕竟有了点地位，在自己宫中能说得算，在紫禁城中举办的重大活动中也能露个脸，这样来向皇太后请安也有一层意思，就是婆婆把你这个儿媳妇认下了。至于贵人和常在答应们，只能慢慢熬了。

皇太后这里的工作完成了，你还得到皇后那里走一遭，没办法，谁让人家是中宫。请安的礼节和语言也是一样的，把刚才做过的动作，说过的话再照直说一遍就行了。请安完了之后呢？后宫长日无事，你还得坐下陪皇后聊聊天，这聊天的内容呢，无非就是搬弄是非，挑拨离间，拔高自己，踩低别人罢了。说白了，这赤裸裸的宫斗从清晨就已经开始，详细内容请参考后面的章节。

这女人们总算是应付过来了。趁着太阳还未爬到正当顶，你得抓紧时间回到自己宫里去，一来说了那么一早晨的话，妆花了，身子也有些乏了，该补补妆，进补点银耳莲子羹什么的。二来皇帝老公一早就让人盼咐了，中午约你吃饭，你还得赶紧去准备着。

这说话间，皇帝老公就风尘仆仆地来到了你的面前，一个标准的下跪礼，口中一句"万岁爷吉祥"？那你肯定没这么傻，既然不能向皇太后道"吉祥"，自然也不能这么对皇帝说，可你要知道，这"万岁爷"也是个天马行空的称呼，完全不适合你的身份。

什么？难道这"万岁爷"又是太监专用的称谓？嗯，看来你开始上道啦。"万岁爷"或者"万岁",这是在戏剧舞台上的称呼,大臣和后妃是不会这样称呼皇帝的,特别是在雍正朝,雍正皇帝非常讨厌这种阿谀奉承的说辞,哪怕是在奏折中出现诸如"万岁"、"万寿无疆"等词语,都有可能遭到斥责。到了清朝中期,太监和宫女们在私底下会称呼皇帝为万岁爷,不过这也是下人对皇帝的尊称,非常不适合你,所以你还是老老实实地把前面学到的请安语再说一遍吧:"臣妾恭请皇上圣安。"

这不就结了吗?不过还有一点你得注意,不知道你现在是熬到什么位分了?要是已经到嫔位或嫔以上了,那自称"臣妾"就对了。但你要是还在答应常在或贵人级别,那就还轮不到"臣"字,得自称"奴婢"。

哎,你这左一个皇上,右一个皇上叫得亲切,心里却犯嘀咕,为何皇太后称呼皇上,和你的叫法不一样呢?是啊,皇太后称呼自己的儿子叫皇帝,可是你不能跟着这么称呼,否则那就是大不敬的死罪。实际上在后宫之中,也只有长辈们,也就是皇太后和皇太妃们能够直接叫声"皇帝"。

吃不能吃饱,睡不能睡死,话不能多说 | 宫女更不容易

大清从后金建立开始算起,直到1912年清帝退位,共经历了十二位皇帝。也就是说,共有十二代后宫人士在紫禁城中居住过,这十二代主人当然伴随着无数的宫人。在咱们大清后宫,最著名的一位宫女可谓苏

麻喇姑了，她是有着"大清国母"之称的孝庄太后的近身侍女，伴随了孝庄太后从少女到寿终正寝的全部岁月，她的身份是个宫女，但她在紫禁城中的地位却超越了无数主子。

苏麻喇姑的经历，用咱们今天的话来说就仿佛"宫女中的战斗机"，是属于档次颇高的宫女，虽然在无数的史料中都对苏麻喇姑有着详细的描述，但如果将她作为后宫宫女的参考，估计你就得吃亏了。因为首先，不是每个主子都能有孝庄太后般的气量；其次，不是每个宫女，都有苏麻喇姑般的福分。总的说来，苏麻喇姑的一生是幸运的，虽然没能出宫，没能嫁给一个正儿八经的男人，但她历经三代帝王，无数次身处政治漩涡中，却又凭借着自己的胆识和智慧，与孝庄风雨同舟地走了过来，在紫禁城中，其实谁也不敢将她当成一个单纯的宫女看待了。

所以，对于苏麻喇姑其人，奉劝你还是看看、学习学习就罢了，千万不能用她的人生来度量紫禁城中众多宫女的人生。

在前面的章节，我们已经说过这宫女是如何来到宫中，以及如何分配给各宫主子的。现在咱们就来具体看看，这宫女是怎样生活的吧。

是啊，我们看无数的清代宫廷剧，里面娘娘小主们的服装可谓争奇斗艳，身边伺候的宫女的衣服，也不输给外头任何人，何况还有主子心情好，赏件衣裳给奴婢的情况。可你别被这些剧情迷惑了，在咱们大清后宫，对宫女有一个至上的要求，那就是——朴素。而且这朴素的要求还非常高，要如璞玉一般，从内里透出光华来。意思就是，你呢，可以不漂亮，但一定要是气质型的美女，可以朴素，但不能俗。

第二章 闭关培训，嬷嬷很忙

具体要求就是，禁止描眉画眼，也不能穿大红大绿的衣服。这样规定的目的，在表面上看是遵循质朴的规矩，实际还有一层意思，你的风头不能盖过你的主子呀！要是哪天皇帝来了，你比主子还花枝招展，倘若能够引起皇帝注意，一朝临幸，为嫔为妃，那算你走了狗屎运。如若不然，那你就是有"勾引皇帝"之嫌，估计你那主子就容不下你了。

因此，规定宫女的穿着，一来为了用朴实无华衬托主子的光芒四射，二来也方便管理，一眼就能认出来谁是奴仆。因此在后宫里，每个季度都会给宫女发工作服。

开春二月，内务府总要抽出几天时间来给宫女们量身定制夏衣。负责办这件差事的太监会提前通知宫女们，趁着未当值的空闲，到体和殿外边的廊子上量尺寸，从头量到脚，每一个细节都不放过。这个月份准备的，是夏天的衣服。然后每个季节都一样，提前准备衣装。不过大部分宫女都是十三四岁的女孩子，正在生长发育的时候，尺寸随时在变化着，量尺寸也就成了每个季度都要做的事情。

量身定做的衣服，为的就是保证你的衣着看上去得体大方，不要因为袖子太长或者裙子偏短而显得邋遢。这样的工作服每次发给你四套，每套都是全乎的，包括了底衣、衬衣、外衣和背心以及鞋袜。衣服的料子多为宁绸或春绸，夏天的时候，也会有纺绸质地的衣服发放。这些衣服的颜色基本就是淡绿色、深绿色、青绿色，或者紫褐色。到了宫里举行什么盛大的节庆，则可以添一件红绸裤，抹点胭脂口红的。但这样的日子是少之又少的。

可是爱美之心人皆有之，何况是花季雨季的少女们，即便再朴素的服装，也想穿出新意，也想斗出一些与众不同的美丽。因此在袖口、领口、裤脚和鞋帮子上，都能看到宫女们不着痕迹的装饰，把姑姑那里学来的完美刺绣展现得淋漓尽致。

穿衣服讲究朴素利索爽眼，可住的地方就没那么尽如人意了。史料上记载，大清后宫的宫女们一般都是居住在宫室中的配殿耳房之中，"所居屋漏墙塌，巷十室，居十人"。由此可见宫女们不但居住的房子破旧，而且拥挤，这样的条件，不要说什么个人隐私了，就连你放个屁，别人都能听见闻见……

住房条件跟不上不说，屋内的软装也是基本为零，从北京故宫太极殿东配殿耳房中宫女遗留下来的物品就可窥见，除了生活必需银二千两的陶罐陶壶等简陋的器皿之外，再无其他。这房间简陋，说白了就是宿舍。但床却不是我们现在宿舍的标准高低床，而是北方传统的炕，因此宫女在宫中是睡大通铺的。

可能你要问了，那十个人挤一个通铺，睡起来多不舒服啊，连躺着睡都不行！关于这个问题，咱得好好说道说道。第一，宫女伺候主子，那是要值夜的，反正不是这个值夜，就是轮到那个，因此这宿舍里每晚上都不可能住满人；第二，宫女睡觉不允许仰面朝天，这是严格的规定。晚上睡觉，你得侧着身子，微蜷着腿，一只手平伸着，另一只手侧放在身上。为什么会这样规定呢？因为宫里面的人都信神，因此人们认为每个殿里面都有殿神坐镇，到了晚上，殿神们都会出来查看自己的领

第二章 闭关培训，嬷嬷很忙

域，同时保护皇室的成员。因此宫女睡觉一定要有人样，不能四仰八叉地冲撞了殿神。

睡觉的舒服，值夜的可就惨了。坐在主子寝室的门口，这是一夜都得警醒着的，随时竖着耳朵听着主子帐子里的动静，稍微鼻息有变化，就要想到主子是醒过来想上厕所了，还是因为做梦翻了个身。要是遇到主子半夜醒来有吩咐，而值夜的你却在一旁打瞌睡，那你就惨了。

这穿衣睡觉虽然是人生不可避免的事情，但只要遵守规矩，就不会出什么大的岔子，宫女即便享不了福，也不至于受太多的苦。最可怕的就是生病了。在明朝的后宫中有规定，宫女要是生病了，是没什么权利请医生到住处看病的，只能自己去药房，根据病情拿点药来吃。吃得好嘛，算幸运；吃不好，也就是拖着直到熬死了。

按照清随明制来看，清朝后宫的宫女也好不到哪里去，一样没有看病就医的权利，要是病得爬不起来了，就会被送到安乐堂中，苟延残喘等死，如若奇迹般地好了起来，则会被发配到浣衣局做清洗衣物的活计，基本不再可能回到主子身边伺候了。因此宫女生病，那叫一个伤不起。

论及后宫宫女的生活，只能说没有最惨只有更惨了。主子的心情要随时揣摩着，但主子的心意却又不是每个人都能猜得到的，有时候，主子心情不好，把火发到奴才身上也是常有的。乾隆皇帝的妃子就曾经因为盛怒打死了一个宫女。宫女虽然命贱，但也是一条生命，为了彰显自己的英明神武，乾隆便召见了各位皇子和军机处的大臣，讲了一番大道理，大概意思就是："在后宫之中，妃嫔们因为奴婢做错了事，给予惩罚，或者因为心情不好，殴打奴婢的事情也是有的，也有宫女因为想不通而自杀的，如此，还是应该斥责这些当主子的，不能太过暴虐。但像现在这种直接打死人的，还是第一次，因此我觉得，如果不从重惩罚，以后大家都效仿之，那不知道后宫中还会生出多少命案。"

那么乾隆从重处罚是怎样处罚呢？仅仅是将凶手从妃降为了嫔，且可笑的是，没过两个月，又让其恢复了妃位。事隔半年，乾隆皇帝居然下诏："凡太监、宫女在宫内用金刃自伤者，处以斩立决；欲行自缢自尽而经人救活者，照例须处以绞监候。其亲属发往伊犁给兵丁为奴。"如此一来，这宫女连受不了虐待而自杀的权利都没有了。

不过，在后宫中，也不尽然是这些残酷及悲伤的事情。初进宫的宫女，豆蔻年华，还是有那么些欢乐的。虽然教习姑姑们教得严苛，但女孩子们学出来的手艺却是数一数二的，要是宫中月例银子不够用，通常都是靠宫女们做些刺绣活来挣零花钱。看着自己细心做出来的东西换成了银子，想来内心还是欣喜的吧。何况宫中长日无聊，各类节日也就过得相当喜庆，从开春到深冬，四季变幻，宫里的人也总能想出些好玩儿的事情来，赏花、荡秋千、游湖、采莲、堆雪人、贴窗花等，也算是苦闷日子中的一点甜了。

随着宫女慢慢长大，也到了情窦初开的时候。不过后宫总是压抑人性的地方，指望着被皇帝看上，那概率是相当低的。对于各位主子的古怪脾气，宫女们也不敢生出半点怨言，唯有在"同是天涯沦落人"的苦命人之中寻找个心灵寄托了。

第二章 闭关培训，嬷嬷很忙

你别捂着嘴笑，你知道我说什么。其实在清朝以前，后宫中的宫女和太监结为"菜户"，那是可以搬到台面上来讲的事情，这也成了宫中女子唯一的生活乐趣。太监虽然不是完整的男人，但他们也是人，也有七情六欲，也懂得喜欢人、心疼人。如果能找到一个与自己情投意合的"老公"，虽享受不到生理方面的满足，但内心总算是有个依靠。

可这事儿到了清朝，却成了严格禁止的事情。康熙朝做出规定："凡各宫女子，不许与太监等认为亲戚。"为此，康熙皇帝还专门下诏告诫各位太监云："近来太监不守规矩，与各宫女子认亲戚、叔伯、姊妹，往来结识，断乎不可。太监等在内廷当差，女子等在宫内答应，各有内外，嗣后务当断绝交结。如仍不能断绝，总管与本宫首领即行置之重典。自降旨后，若经查出，奏不奏亦任尔等，朕自有处置。"这规定一下，自然成了不得不遵守的事情，不过所谓上有政策，下有对策。这扭曲人性的事情怎么可能得到完全禁止呢？只不过大家不敢明着来结合，私底下暗暗来往罢了。

但有时候，这与菜户太监结为对食的事情却成了主子惩罚宫女的方法。假设你要是违拗了主子，主子一个心血来潮，不打不骂，直接把你许给某个太监，这个太监又恰好平日里与你诸多不合，想想你的日子该有多难过。

事实证明，这宫女打工那是相当不容易，赚着卖白菜的钱，操着卖白粉的心，一不留神，身家性命都要搭进去了。可是，如若没有宫女在后宫中做各种杂事，伺候主子生活起居各项事宜，那主子也就不能称为主子了。这算是封建社会的通病，却也是不可抹杀的历史。

第三章　从今以后，你要和众多女人分享一个男人了

　　从小，不管老师和父母，都希望我们能够学会一样东西，那就是——分享。要和朋友分享自己的快乐，要和家人分享自己的收获，要和爱人分享自己的心得，要和别的女人分享自己的老公……打住，这也是美德吗？

　　可你要是往回几百年看看，还真就是那么回事儿，一般官宦三妻四妾实属正常，而况皇帝乎！看看和你一起参加选秀的那些人，还有比你早入宫的那些人，再加上三年后又将入宫的那些人，那些你称之为姐妹的人，不都是来和你抢老公的吗？皇帝只有一个，妃嫔却有一堆，这种永远分不均的事情实在是让人心生愤恨。可所有不满心里念叨念叨就行了，表面上，还得和这些"情敌"们一团和气，人家晚上得了皇帝的雨露恩泽，你独守空房，第二天，还得给人家道喜，还得恭喜人家早日怀

第三章 从今以后，你要和众多女人分享一个男人了

上龙种……哎哟，这个中别扭劲儿，也不是谁都能承受的。可没办法，谁让咱是宫里的女子，再不愿意，也只能装孙子装傻子装得喜笑颜开的样子，因为有些人，你是争不过的。

接新娘喽，花车快跟上 | 办婚礼这档子事儿，只有皇后有资格（一）

入得紫禁城，也接受了"婚前培训"，不但知道了在宫里生活该讲究的规矩，而且还知道了应该怎么去伺候皇帝，当然，那只是理论上的。于是开始期待一场完美的婚礼，让自己从女孩变成女人了？

你要这么想，就当真是错了。别以为嫁给皇帝——这个拥有天下财富的男人，就能为娘家争得丰厚的彩礼，至少也能保几年衣食无忧……还真不要这么天真地以为。宫中的赏赐那是另一回事，虽然也是补偿你家里养育这么多年闺女的辛苦费，但那也是得跪接的，完全没有那种理所应当接过聘礼的顺畅感。

而一拜天地，二拜高堂，夫妻对拜再送入洞房的情节是不是烧得你有些飘飘然了呢？然而现实却是残酷的，虽然嫁给了天底下最高端大气上档次的那个男人，但你实在也不如民间女子有福气，还能来一场正式的婚礼什么的，除非你是皇帝的"正室"，可你要知道，正室也不是说当就能当的，不信咱们先捋捋。

努尔哈赤虽然没有能够进驻紫禁城成为万人仰慕的皇帝，但掌管整个后金，他也是需要有人母仪天下的，努尔哈赤的孝慈高皇后叶赫那拉·孟古，那是叶赫部首领杨吉砮的女儿，她嫁给努尔哈赤生的第一个儿子，名叫皇太极，就是于1636年称帝的这一位。

皇太极的正室孝端文皇后博尔济吉特·哲哲，是蒙古科尔沁贝勒莽古斯的女儿。她虽然没给皇太极生下儿子，但凭她的贤良端庄，依然统领后宫几十年，直到寿终正寝。

到了顺治朝，孝惠章皇后博尔济吉特·荣惠，初为皇后，后又被废，成了妃子。这个女人无子女但长寿，一生没有什么波澜壮阔的事情，顺治娶了她也完全是因为拗不过母亲。这位科尔沁贝勒的女儿虽然母仪天下，但相信一生也没过过什么真正顺心的好日子。废了这一位，当然就得立新的皇后，不过基于顺治皇帝神秘且短暂的帝王生涯，相信不管是几个皇后，也都过得不顺心吧。

我们的康熙爷长寿，相比较起来女人就没那么好命了，他老人家的皇后一换二，二换三，从世袭一等公索额图的亲侄女赫舍里·芳仪，换到了辅政大臣遏必隆的女儿钮祜禄·东珠，最后又到了领侍卫内大臣佟国维的女儿佟佳·仙蕊。可惜她们都没能陪康熙白头偕老。

到了雍正的孝敬宪皇后乌拉那拉·舒兰。那是步兵统领费扬古的宝贝女儿，从亲王的嫡福晋册为皇后，想来也有些天上掉馅饼的感觉吧。

乾隆皇帝的第一位孝贤纯皇后，那是乾隆皇帝还是皇子的时候奉旨成婚的。第二位乌拉那拉·景娴，那是佐领那尔布的女儿，从侧福晋开

第三章 从今以后，你要和众多女人分享一个男人了

始熬起的。第三位孝仪纯皇后魏佳·小玉，是内管领清泰之女。

再看看嘉庆的孝淑睿皇后，是总管内务府大臣、副都统、承恩公和尔经额的女儿。第二位孝和睿皇后，那是礼部尚书恭阿拉的女儿。

道光、咸丰及其以后的皇帝，他们的皇后也都不止一位。

啰啰唆唆举这么多例子，实际上就想告诉你一个道理，你要是没有个光荣的八旗身份证，没有个位高权重的爹，那就不用眼巴巴看着皇后的那个位子了，虽然也有废后重立的事情发生，但这样上位的皇后要承受极大的压力，而且可能性也是不太大的。

就算是真的成了皇后，那也得赶上好时候，才可能举行大婚典礼。清朝入关之后，真正在紫禁城中举行过大婚的，也只有四位幼年登基的皇帝，也就是说，也只有四位皇后感受过大婚的气势磅礴和奢靡。如果，你真的成了其中一位，那就要注意了，这极端的奢靡背后是极端的繁琐，每一个步骤，每一个细节，即便身边有无数的人跟着你提醒你，但终究来操作的人是你，千万不可以出错哦。

别紧张，先看看这大婚是怎么回事儿再说。

这皇帝大婚，比不得凡人，那是"上天的使命"，因此一定要追溯礼仪渊源的。《仪礼·士婚礼》是历朝皇帝最重要的参考书。书中记载了从周代以来的婚礼程序——纳采、问名、纳吉、纳征、请期、亲迎，古语又称"六礼"。不过这六礼主要针对的是士人婚礼，且为婚前的礼仪。那么作为地位最高的皇帝，婚前的礼仪肯定要比这六礼更高端。

待大婚发展到清朝，便融进了满族人的习惯，按照时间顺序和过程

来看,这时候的大婚可分为三大部分,即婚前礼、婚成礼、婚后礼。

　　怎么,你已经开始摩拳擦掌跃跃欲试了?好吧,如果你真的是皇后命,在几岁的时候就已经被"内定"了的话,待到年满十三,你就可以准备着嫁人了。按照婚前礼第一项"纳采礼"的规矩,你们家是能够收到由宫中发出来的礼物的,这些礼物打着皇帝,也就是你未来老公的名号,由掌管皇家事务的机构——内务府提前操办。这内务府你可得先记牢喽,待入得紫禁城,你会发现自己的生活原来是和内务府息息相关的。

　　你肯定会在心中暗自窃喜,猜测着这皇家送来的礼物,应该又昂贵又丰富吧?可是姑娘,千万不要期望太高,相比较历朝历代,清朝皇帝大婚时候的纳采礼那是类别最少的,有配了鞍辔的文马十匹,甲胄十副,布二百匹、缎百匹。唯有顺治皇帝的纳采礼还多了一个金茶筒,两个银盆。但细数起来,种类也实在是少得可怜,何况这布和缎子,也是一个系统的,完全可以合并呀。这加吧加吧,也就是四种,而且几乎都是与骑射有关的东西,这可以充分说明国之传统,那就是尚武和骑射。

　　更为悲催的是,这些礼物都是象征意义的。什么?内务府发照片而不是送实物?那倒是没有如此象征,马匹甲胄,缎子布匹都有,而且都送到女方家,不过当纳采礼结束的时候,"内务府官将甲胄撤出,其缎布交总管太监接收,暂存邸第,俟进妆奁时分装箱内……其马匹鞍辔甲胄交该衙门领回"。如此看来,除了缎子布匹能够最终存入嫁妆里去,剩下的东西那都是摆摆样子过过场合的,事情办完就撤回去了,总之,骑射的象征意义是完满表达啦。

第三章　从今以后，你要和众多女人分享一个男人了

你失望啦？这才是刚刚开始，你要是不调整好心态，以后失望的事情还多着呢。

满族人重骑射，这可是在大婚的方方面面都有体现。你要是真成了准皇后，在等着被"奉迎入宫"的时间里，还是住在自己的府邸，这个时候，你的府邸可是一眼就能看出非同小可，那大门上，悬挂的不是红花红灯笼，而是枪、撒袋、弓、梅针箭等等，皆是硬朗的器物，哪里有什么大婚的喜庆感觉嘛。

不过，有一件事你一定会觉得无比宽慰，在满族的观念中，并没有如汉人一般的"男尊女卑"的思想，女子和男人一样可以骑在马背上，弯弓射箭。因此，满族的纳采礼中就没有了汉人传统的象征男尊女卑的大雁。但这也只是在传统观念中。哪怕你在家里，是比男儿地位还重的"姑奶奶"，但入宫之后就不一样啦，围绕着君王转，想摆脱男尊女卑的限制，你还没睡醒呢吧？

好了，咱接着说结婚这档子事儿。在纳采礼之后，就该有一道吃饭的程序了，称为"纳采宴"。传统的纳采宴是由皇后母家出面承办，主要就是招待一下代表宫里送东西出来的这些使者，感激之余，会做人的，自然要提前拍拍马屁，谁知道这些人日后会不会派上什么用场呢，别忘了，他们可都是替皇帝办事儿的人。

可是到了咱大清，这习惯改变了，主宾关系扭转，比如光绪皇帝大婚的时候，于十一月初二日成纳采礼，当天未时便设纳采筵宴。这顿饭便是由内务府操办设在宫里的，皇上特命内大臣、侍卫、八旗公侯以

下，满洲二品、汉二品以上官员"宴后父于外堂，后父为宾席"。吃完以后，"众官诣堂下，望阙序立，听赞，行三跪九叩礼"。

你看这阵势，这哪像平常人家的家宴啊，已然上升到了国宴的级别，而且人人都拘着礼呢，管他什么山珍海味，估计拿捏半天吃到嘴里，也会食而无味的。最重要的是，这一场主宾关系的调转，凸显了强烈的等级色彩，皇权的至高无上怎可逾越？以前是男方来下聘礼了，女方招待一顿，礼尚往来，双方都有面子。现在不同了，这男方聘礼是下了，可这负责送聘礼的人是什么人哪？那是钦差，那是专门正皇帝管的，只听皇帝的，皇帝让回宫吃饭，他们哪敢在外头耽搁？再说，代表皇帝出行，怎么可能接受他人犒赏呢？于是就成了——"我下聘礼，我管饭，我的地盘听我的！"

但是站在国家的角度上来讲，这也说得通。皇帝要娶妻了，应该感谢对方父母诞育了称得上大清国母的女子，让皇帝得以"择贤作配，佐理宫闱，以协坤仪而辅君德"。皇帝当然要派人代表自己去感谢人家，再怎么说，这也是丈母娘和老丈人嘛。因此，这个纳采宴也是非常有排场的，皇帝要给老丈人送上饽饽桌八十张、酒宴桌八十张，羊九十九只，醴奶酒烧黄酒八十瓶，还要派公主以及命妇们单独宴请丈母娘，同样要奉上饽饽桌、酒宴桌、羊和酒，只是数量稍微小一些。不过这排场也是令人咋舌啊。

怎么样，你是不是躲着偷笑了？是啊，这纳采礼一成，与皇帝的婚姻就真正成立了，皇帝才可以"上以事宗庙，而下以继后世也"。你

第三章　从今以后，你要和众多女人分享一个男人了

呢？就静等着完成后面复杂的结婚程序，入主中宫吧。

按理说，在纳采礼之后，还应该有一个问名礼，不过在大清，这个问名礼已经提前进行了，因为皇后人选那也是从选秀开始的，初选、复选概莫能外，实际早已经登名造册，不止你的名字记录在案，就是你父亲、祖父、曾祖父的一切相关事宜都已经存档在户部了。因此这问名礼也就可以略过。

那么正式跟在纳采礼之后的是大征礼，即古代的"纳征"礼，"征，成也，使使者纳币以成昏礼"。大清的皇帝大征礼的礼物都是些什么呢？《大清会典》里记载："黄金二百两、白银万两、金茶筒一、银茶筒二、银盆二、缎千匹、文马二十匹、闲马四十匹、驮甲二十副。另有赐后父后母黄金百两、金茶筒一具、银五千两、银茶筒一具、银盆一具、缎五百匹、布千匹、马六匹鞍辔具、甲胄一副、弓一张、矢一菔、朝服各二袭、衣各二称皆冬一夏一、貂裘各一领、上等玲珑带一束；赐后弟缎四十匹、布百匹、马二匹鞍辔二副；赐从人银四百两。"

请注意这个中的顺序，"黄金二百两、白银万两、金茶筒一、银茶筒二、银盆二、缎千匹、文马二十匹、闲马四十匹、驮甲二十副"这些最实在的金银器物都排在首位，那都是给皇后的礼物，后面的，都成了"赐"，也就是"恩典"。

当然，皇帝打算娶你了，送金送银讨好一下你，让你心花怒放也是应该的，不过，这些东西你也就是高高兴兴地看看，因为马上，内务府的太监就会来处理这些东西啦，把它们分装好，到时候还原封不动地抬回宫去。

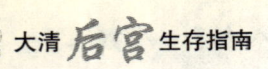

接新娘喽,花车快跟上 | 办婚礼这档子事儿,只有皇后有资格(二)

在经历了婚前的诸多礼节之后,终于要正式踏入婚成礼啦。而这其中的册立、奉迎礼也是皇帝大婚中最重要的仪式。过了这一关,你和皇帝才能确立夫妻关系。

皇帝结婚嘛,自然不能和民间一样。民间下了聘礼之后,应该是新郎亲自上门迎接新娘,称为"亲迎礼",不管将来多么男尊女卑,这最开始的时候,过场还是要走一下的。而皇家迎新娘则叫作"奉迎礼",意思是什么呢?那就是皇帝派使者去接皇后,使者奉命办公,因此为"奉迎"。

当然,在奉迎皇后之前,还有一个步骤很关键,那就是册立。总得先把这皇后给立了,才接回来不是?你别摇头,什么?定了就是皇后了,还搞那么多事干吗?

咱大清,规矩大于天,你这口头上的定不作数的,这两厢情愿也得领个结婚证才算合法夫妻不是?那成了"准皇后",没有个皇后的册宝、金印什么的,也不大有保障呀。

于是,皇帝册立皇后的制文往下一发,礼部尚书就得忙不迭地赴内阁承制,选定一个良辰吉日,通知诸司做各种准备工作,然后礼部和工

第三章　从今以后，你要和众多女人分享一个男人了

部就要组建一个工作组，开始制作册宝，镌刻册文和宝文。

到了选定的那个喜庆的节日，那真可谓举国同庆，你要是那位准皇后，那真是风光无限呀。你看看，因为你要出嫁，京城里的街道全部打扫得干干净净；老百姓们也要穿红戴绿，喜气洋洋；家家户户门上都要张灯结彩，比自家娶媳妇还高兴的样子。这才是京城里，那宫里就更不用说了。

行礼的这天早晨，太和殿内早早地就安置好了节案、册案、宝案，殿外则陈设着皇帝的法驾卤簿，殿前廊下的东、西两侧布置的是中和韶乐，太和门内则布置好了丹陛大乐。双喜字样的大红绸更不用说，高挂各处，一派喜气洋洋。

再来看慈宁宫这边，儿子娶媳妇，这皇太后自然要高兴，即便不是自己满意的媳妇，也一定要显出高兴的样子，这不，皇太后的仪驾早早地就等候在宫门外了。

从太和门至午门的位置，陈列的是今天的主角——皇后的仪驾。龙亭放在太和殿的中阶下，即将属于皇后的册、宝、印则分别放在太和殿的几案上。

除了这些重要的大殿和道路之外，紫禁城内到处都是张灯结彩，红毡铺地、新的对联，新的门神无处不透露着天子大婚的气势。

当听到太监们尖着嗓子高声喊着"吉时已到……"时，这礼部尚书和礼部侍郎就齐齐地来到乾清门，等着衣冠楚楚的皇帝乘车出宫。这做儿子的要去娶媳妇了，当然先得去娘面前告别一声，于是浩浩荡荡的队伍先赴慈宁宫向太后行礼，不外乎就是说些特别有礼貌的话，用咱们现

在的语言翻译过来大概就是：感谢你老人家生了我这样一个一国之君，而今，我这个国家领导人要去跟别的女人过日子啦，你老人家不用担心，我已经长大成人了，一定好好过日子，好好治理国家，而且保证让你早日抱上孙子……"

皇太后这边行完礼，皇帝就转而到太和殿来，检查一下为皇后准备的金册、金宝有没有什么问题（实际上也不敢有什么问题，但循例还是要阅看一遍），然后就坐到太和殿的宝座上去了。

皇帝一坐稳，这旁边随侍的人立刻眼神传递下去，午门紧接着就传来了击钟敲鼓的声音，中和韶乐奏起"隆平之章"，而丹陛大乐队则奏起了"庆平之章"，负责管銮仪的公务员拿着根长鞭子开始在丹墀（也就是台阶前面宽阔的空地上）上抽打，名曰"鸣鞭"。这鸣鞭啊，也叫"静鞭"，鞭子是用黄丝编织而成的，在鞭梢涂了蜡，抽打在地上的声音非常响，目的呢就是提出警示："皇上即将驾到，重要的仪式或典礼马上就要开始了，众人肃静！"

三声华丽丽的鸣鞭过后，正、副使臣来到太和殿前面的台阶上，面朝北跪下听宣旨，繁文缛节的圣旨宣读完毕之后，由大学士手捧圣旨交予正、副使臣，使臣们负责拿着圣旨下楼梯，而后面还有执事官捧着金册、金宝跟着一起下楼梯，最后来到龙亭内，把这些东西放下，再由銮仪卫抬出太和门。

怎么？瞌睡了？哈欠连天了？想当个皇后也不容易吧？虽然这些过程不用你去凑什么热闹，但此时的你也没那个机会赖在床上等日上三

第三章　从今以后，你要和众多女人分享一个男人了

竿，人家太和殿外礼乐奏得如此欢乐，你哪，就端坐在镜子面前好好等着吧，啥？脖子都僵了？那没办法，你瞅瞅这头上装饰了那么多东西，还有那硬邦邦的"燕尾"，想活动活动颈椎也不是件容易的事情啊，暂且耐着性子等吧。

咱再折回来看看太和殿这边的情况，銮仪卫抬着龙亭出了太和门，皇帝一扬手，宫女们便忙不迭地给王公大臣们上茶。什么？皇帝怎么还在太和殿，不该来接皇后吗？

你想得太天真了，这皇帝怎么可能亲自出马来接你呢？这于祖制不符啊，皇帝娶的再是什么皇亲国戚的宝贝女儿，还是皇帝最大呀，派出一支壮观的"迎亲队伍"，已经能充分显示皇恩浩荡了，你一会儿还得为此谢恩呢，不信等着瞧！

待到众王公大臣饮毕那盏茶，中和韶乐队就开始奏乐了，这回点的是《显平之章》，台阶上再次传来鸣鞭的声音，此时的皇帝站起身，潇洒地抖一抖龙袍，回宫去了。

感情在太和殿，就是听了听尊贵的皇家礼乐，读了读赐金册金宝的圣旨，再对着那无辜的空地抽了几鞭子，就完事儿啦？

哎哟，姑奶奶，可不敢小瞧了这些程序，更不能小瞧这太和殿。咱这太和殿哪，俗称金銮殿，处于紫禁城南北主轴线的显要位置上，其建筑的雄伟，形制的高端，手法的精妙我就不在这里"吐槽"了，关键是，这里是举行盛大典礼的地方，比如什么皇帝大婚啊，册立皇后啊，点将出征啊，过万寿节、元旦啊等等，且从明朝延续至今，完全已经成

了一种习惯性的东西，你就是再不可思议，也接受吧。再说了，这么尊贵，这么独一无二的仪式，不也只有你皇后娘娘才能享受到吗？

话说这太和殿礼毕，长长的迎亲队伍就朝你这进发啦。赶紧地，命奴才们再细细检查一遍，你这皇后娘家府邸里的各项东西是不是都已经准备好了？

首先啊，这内堂正中节案、册案和宝案是不是都摆好了？方向对不对？节案居中，左右各为册案和宝案哦！

再者，节案前面香案准备好没有？香案前皇后的拜位准备好没有？拜位左右两边的侍仪女官就位没有？宣读女官在册案的南边站好没有？

好吧，一切就绪，似乎已经听见使臣的脚步声了！深呼吸，不要紧张，外头还有父亲大人应酬着呢。他老人家早就率领着一家的男丁，穿着整齐的朝服跪在大门外面候着了。待使臣来到，行完礼，一家人就来到外堂，面朝西站在东边。

使臣进门了，皇后的"花车"，也就是喜轿就停在中阶上，后面排放着皇后的銮驾。这时候，正使说话了，大概说的就是些天命所归，龙凤呈祥之类的。说的人庄严肃穆，义正词严，听的人呢，诚惶诚恐，心悦诚服。待到正使说完，父亲大人便带着一家男丁行三跪九叩的大礼，然后退出这个场合，把舞台全部交给你啦。

随后，使臣把节、金册和金宝分别授予内侍太监，由他们捧到你的屋里头来，这时候，到你出场了，看你梳的这个双髻多么炫目，多么尊贵；这一身礼服多么喜庆，又是多么高大上！记住，此时一定要保持淡

第三章 从今以后，你要和众多女人分享一个男人了

定，既不欢喜得眉开眼笑，也不紧张得手足无措，你是国母，国母！一定要拿出国母的威仪来，缓缓行出，站在内中门的右边，抬头挺胸，呼吸均匀……

你算好，此时还能站着，你的母亲大人以及三姑六婆妹妹侄女什么的就不行了，早就跟在你身后，齐刷刷跪成一片，只等听圣旨了。

这时候，内侍太监们将手上捧着的金册金宝放在早已准备好的册案宝案上，你就得移步到拜位，跪下，听着使臣宣读册文和宝文，读完了，这金册金宝就正式成为你皇后娘娘的"法器"啦。当然，得宝不忘谢恩，你哪，得向北行六肃拜、三跪、三叩首的大礼。礼毕，册立礼就算完成了。当然，这拿过来的金册金宝不能放在娘家，还得捧到龙亭里，跟随着你一起进宫。

好吧，这次是真的告别啦，你这就要坐着皇后的凤舆进宫了，以后虽然说宫规典制是准许父母进宫探视的，但这样的机会是少之又少，基本上，想要再见到父母亲人的面就很难了。是不是鼻子有点酸了？可是你现在是皇后了，而且今儿又是大婚的好日子，定得忍住心酸，故作镇定呀。

何况此时，升舆的吉时到了。女官们走上前来，恭请你升凤舆，大队人马就要朝着皇上身边进发了。欢欢喜喜的鼓号队走在最前面，正副使骑马随行，后面跟着的是皇后你的銮驾、册亭和宝亭，然后为凤舆，（用现在的话说，就是仪仗队，还有轿子。）凤舆旁边呢，还要有"押车"的人，前导是四名命妇，后面有七名命妇骑马扈随，左右还有近侍太监扶着你的凤舆。最后跟着的是内大臣和侍卫门。当迎亲队伍浩浩荡

荡地驶出，你的父亲和兄弟们就齐刷刷地跪在大门口送你……

队伍进了大清门、天安门，到了午门，銮驾就要停在这里了，你的凤舆则在九凤曲柄盖的引导下走进午门，经太和门、中左门、后左门，到乾清门时，龙亭也要停下。这时，奉旨办公的公务员们任务算是完成了，使臣、内大臣、侍卫都退了下去，这里有另一拨人等着你哪。

首先迎上来的是王爷们的福晋，她们会递上象征吉祥的宝瓶，你得伸手接住。然后，会有人搀扶着你跨过早就在乾清宫准备好的火盆。"跨火盆"？这习惯是不是听着有些耳熟？没错，在很多少数民族的婚事中都有这个环节，尤其是崇拜火的民族，而满族人民一向笃信萨满教，这也是老祖宗传下来的规矩，跨过火盆，也就把你身上带着的邪气去掉了。

在乾清宫跨过火盆，就可以朝着洞房——坤宁宫前进啦，这时候的队伍明显减少了很多，毕竟这送入洞房的事情，不宜太多人跟随嘛。眼瞅着就到了坤宁宫，细瞧那门槛上架着个啥东西？

别紧张，只是个马鞍而已。跨火盆是风俗，跨马鞍同样是风俗，"鞍"同"安"，也是种祈求平安的美好祝愿，不但有马鞍，这马鞍下面还压了两个苹果，这祝祷平安的心愿当真是强烈啊！

接新娘喽，花车快跟上 | 办婚礼这档子事儿，只有皇后有资格（三）

一顿折腾，一顿礼节，身上因为紧张出的汗已经渍透了那崭新的内

第三章　从今以后，你要和众多女人分享一个男人了

衣，厚厚的脂粉在脸上只觉得喘不过气来，更何况头上还有那些沉甸甸的凤冠，脚底还踩着一双触不着底的花盆底鞋，你不由得感慨，嫁人不容易，做皇后嫁给皇帝更不容易啊！

可是，马上更紧张的事情就要发生了，敢问皇后娘娘，你见过皇上吗？也许他是你的表哥、堂哥、表弟、堂弟之类的，在儿时曾经一起玩耍过，但小孩子时候的记忆准确吗？或者你根本就没有见过这位已经成为自己丈夫的人，陡然就在洞房相见，感觉是不是有点怪怪的？

一边脑中寻思着这些事情，一边被人搀扶着走进坤宁宫，瞅这洞房布置的！墙壁全部用红漆和银朱桐油修饰起来，鎏金色的大门也是红的，上面贴着镀过金粉的双喜字，门前吊着大红宫灯，同样衬有喜字，门头一个雄伟的"寿"字，两旁长长的对联直垂到地上。

从正门到东暖阁的走道上，竖着一座木影壁，同样是红色，贴上了金色的"喜"字，取皇后"开门见喜"的美意。绕过这影壁，就真正进入东暖阁的东方啦。

同样是炫目的红，再加上紧张，你是不是都有些头晕了呢？别着急，先细细打量一下这个名符其实的洞房。敞两间的构造其实很简单，在东面靠墙的位置放着老公的宝座，右手边有一大柄玉如意，多么吉祥，多么贵气。前檐连通着一座炕，而且是巨大的炕，炕两边是紫檀雕龙凤，炕几上放着一些个瓷瓶宝瓶的东西。

最显眼的就是那张龙凤婚床了，床幔是大红绸缎，上面绣有双喜百子图，象征着帝王家"子孙万代、多福多寿"，那床上用品就更不用说

了，贵气、奢华，应有尽有。色调只两样，象征喜庆的大红色和象征贵气的明黄色，各种图案也是绣艺高超，不知道这花去了针工局女工们多少心血，当然，这手艺也是无可挑剔的，怪不得有人说，在宫里打过工的女子，出去之后，就算卖点绣品也能养活自己，甚至赚点小钱，因为这刺绣的技术实在是百姓所不能及的。

似乎跑题了，我们言归正传，婚礼很隆重，洞房很喜庆，新郎很陌生，新娘很紧张……合卺礼的时辰到来了。

当你在洞房坐定不久，皇帝也在亲王们的簇拥下来到了坤宁宫，带着陌生男人的气息，他一步步走向你，从盖头下面，你似乎能窥到他穿着的龙袍吉服。然后，他靠近你，只听得喜秤末端缀着的珠子噼里啪啦响，你眼前的红盖头被揭开了，从此以后，你就成为面前这个男人的正室了；从此以后，你就要和众多女人分享这个男人了！如果你懂得如何运筹帷幄，如何抓住男人的心，也许你往后见到他的日子还多一些；如果你任性多疑，且脾气暴戾，那么很可能你真的只有在公开场合，或者他被逼无奈的情况下才能见上一两面了。你心里可要有数啊。

什么？不稀罕？"我对他一点感情都没有，连起码的感觉都没有。见与不见，有什么关系？"

大小姐，说话可不能这么任性。这一入豪门深似海，更何况紫禁城是天底下最大的豪门，你深陷其中，不紧紧抓住最能保你的这个人，还能做何选择呢？虽然你现在已经贵为皇后，执掌六宫了，可是你要是把皇帝逼急了，他照样能顶住压力废了你！就算不废你，他就当你不存

第三章 从今以后,你要和众多女人分享一个男人了

在,那样你的日子也是很煎熬的。

再不适应,你也要用最快的速度调整心态,何况你入宫,不管地位多高,都是伺候皇上的,乖乖,就不要再把这些喜怒哀乐随随便便挂在脸上了,啊?

好吧,再强装镇定,还是忍不住紧张,手心冒汗啊……这时候,皇帝一屁股坐到你旁边,内务府的女官便陆续走了进来,有人端着铜盆放在床上;有人端着装好了子孙饽饽的圆盒恭献;有人则拿着褥子,铺设在床前面的地下;有人抬着宴桌摆放好。在这一点上,清廷尤其遵循汉族人惯例,席地而坐,也不知这规矩到底是谁定的。

这时候呢,你和你老公要起身坐到褥子上来,四目相对,你们的合卺宴就在眼前,先端起杯子来,喝个交杯酒吧!正有些抖抖索索端着酒杯呢,只听得外面传来用满语演唱的《交祝歌》,心头是不是涌上了一阵温暖?知道演唱的人都是谁吗?他们虽然地位不高,但都是结发的侍卫夫妇,夫唱妇随的美满,希望你从此以后也能拥有。

歌唱罢,酒喝罢,是不是就珍惜这春宵一刻了?那可不行,这紧张忙活大半天了,肚子肯定也饿了吧,虽然合卺宴也有那么些个佐酒的小菜,但关键在于那交杯酒,你肯定也没动筷子吃点什么吧?这会儿啊,从养生的角度出发,是什么事情都不宜做的,乖乖再等会儿,等到天黑了,自然有女官、福晋们来伺候你两口子吃长寿面,直到这长寿面下肚,这欢乐的一天才算接近尾声,旁人的任务都算完成了,撤出坤宁宫,你才终于可以和最亲爱的老公度过洞房花烛夜。

接下来该顺理成章发生的事情，咱就不多说了，咱说说那违背常理的。别以为这一夜皇帝就是你的了，回想一下前面选秀环节的一个细节——年龄。这秀女选送的年龄范围在十三岁至十七岁之间，即便你是内定的皇后，年龄也必须得在这个范围内。在我们今天看来，这年龄段简直就是孩子。

再看看皇帝，从满族人入关到清朝灭亡，在紫禁城中举行过大婚的其实只有四位皇帝，分别是顺治、康熙、同治和光绪，如果再加上宣统皇帝溥仪的话算五个，不过溥仪大婚的时候，实际上已经是民国了。这几个皇帝都有一个共同点，那就是儿时继位，到了成婚的年龄，顺理成章地在皇宫中举行大婚。

那儿时继位，十六岁亲政，在此之前要先"成家"，由此推算，皇帝大婚的年龄也是在十四五岁之间，你该问了，这两个"孩子"洞房花烛，会不会有点懵懂？反正光绪皇帝大婚那晚，本该到了洞房花烛了，可他看着自己丑陋的表姐，却怎么也提不起兴趣来，心心念念都是那个想选作后，又无力选作后的珍妃。结果，他抱着表姐痛哭流涕一番之后，转而去了养心殿，把自己埋首书本间，度过了苦闷的"春宵"。而冰清玉洁的叶赫那拉·静芬，则呆坐洞房，又气又怨，生生地把那痛苦在心中翻来翻去，导致怨念了一辈子。

"我才不会那么傻呢！无论如何，也要施展出点魅力来迷住皇上啊。"可事情还真没有这么简单，作为母仪天下的皇后，端的是国母的范儿，讲究的是端庄大方，知书达理。你见哪个"正经人家的女儿"敢

第三章 从今以后，你要和众多女人分享一个男人了

于施展媚术在皇帝面前搔首弄姿的？你就算日后学会了，真正能做到"出门像个贵妇，床上像个荡妇"，在这纯洁的处子之夜，怕也还是会害臊的吧。

总之，该怎么做还真由不得你，即便心中成竹在胸，也未必能表现得这么完美，也许紧张也会坏事呢？

也许你会问，那皇帝难道不会紧张吗？他不也是刚刚大婚吗？

哎哟，我的小姑奶奶，这点你就得了解了解啦。在咱们大清后宫明文规定，皇帝大婚之前，内务府必须先精选出八名品貌端正且年龄稍长的宫女来为皇帝服务，她们都是有职称的，即司仪、司门、司寝、司帐。具体工作是做什么，相信你也明白，就是教会皇帝所谓的男女之事，以便在和皇后圆房之时，不至于出现窘态，丢了皇家的面子。

这个程序，还只是书面上的规定。在私底下，没有人能够限制皇帝临幸一个女人吧。想想，小皇帝开始了第二性征的发育，对异性充满了好奇，这时候，他身边没有一个名正言顺的妻子，除了太监就是宫女，他又拥有至高无上的权力，随手抓一个宫女来缓解一下好奇之心，那是再正常不过的事情了，抓十个、一百个又怎样？

关键问题不在于皇帝在娶你之前到底临幸过多少女人，我想说明的是，你的初夜，那绝对不可能是皇上的初夜，你会紧张，但皇上在这件事情上基本就不会紧张了。因此，皇帝的态度就成了关键，虽然有规矩在那儿拘着，但"临阵脱逃"的皇帝也不是没有，这只能说明他真的不喜欢你，而且连好感都没有。这样你就比较麻烦了，因为连第一晚上都

这样，后来想要挽回就很难了。

不过，懂事的皇帝还是会顾全大局，为彼此保留一点面子的。只要皇帝乖乖留下圆房，你就有了两种机会，一来可以努力靠近皇帝的心，二来也许上天会赐给你幸运的龙种呢？就算这一晚上不成，宫规典制还是为你创造了一个极大的机会。别着急，咱们先说说这洞房花烛夜过后的第二天。

雄鸡破晓之时，你还要接着完成大婚的最后一个环节——婚后礼。现存于中国第一历史档案馆的《大婚典礼红档》中，对于同治皇帝大婚的经过有着详细的记载，从资料中我们可以总结出，从进入洞房到此后的三天，还有一系列的礼节要完成。

当你紧张惶恐且新鲜好奇地度过了自己的初夜之后，应该说是幸运地于大婚之日度过自己的初夜之后，天蒙蒙亮，你和你最亲爱的皇帝老公就得起床了，因为外头的各位大神还等着你们去烧香供奉呢。

看看这顺序吧，你们得先到"天地桌"前面上香行礼，然后再"喜神桌"前面上香行礼，接着到"灶君案"前面拈香祭祀，最后，按照规矩，还得前往景山寿皇殿以及其他供奉先祖的地方进行祭祀。不过由于你们出宫实在阵容庞大浪费无度，慢慢地就取消了这个程序，只在宫中进行各种仪式就行了。

第二天拜过所有神仙祖先，把自己烧得一身的香火气息之后，第三天，就该去拜见你的婆婆啦，也就是皇太后。你可能会问："我老公要是有车有房，父母双亡，我是不是就不用去拜见婆婆了？"

嗯，在这里我可以很郑重地回答你，还真不是那么回事儿！首先，

第三章　从今以后，你要和众多女人分享一个男人了

顺治皇帝作为满人入关后的第一位皇帝，虽然亲政时间不长，还是立下了一些规矩，不再像从前奔驰草原一样的随意了。这些规矩就包括对长辈们的尊称，说白了，就是由他开始给太后上封号的。

那么这太后要怎么封呢？这老爸死了，老爸的正室也还是正室，即便不是自己的生母，也要封为最尊贵的皇太后。那么亲生母亲呢？当然母凭子贵，也荣登为皇太后。因此这两位老人家地位是比肩的。这就是说，即便这皇帝的生母去世了，还有这位"皇额娘"，要是这位不在了，生母应该也还在，总之，你去拜见婆婆，这事儿终归是跑不了。

其次，能在宫里大婚的皇帝，基本都是儿皇帝继位的，然后苦苦熬到了可以大婚亲政的时候，前面说过，这个年龄也就十多岁吧。这十多岁的孩子，母亲要是没什么特别的疾病，应该都还健在。这会儿早已端坐在慈宁宫，好好等着你们夫妇啦。

第三天向皇太后行朝见礼是一件大事情，因此不适宜掺杂其他的事情一起办。到了第四天，皇帝又率领着群臣去向皇太后行礼朝拜，然后发一份正式的诏书布告天下："老子结婚啦！"这些事情办完之后，皇帝就回到太和殿，借着上早朝的名义，接受众大臣的祝贺，而且这祝贺还不能光用嘴说，得一个字一个字地写在奏折书上呈给皇帝。

到了第五天，终于轮到你受礼了，因为这一天，皇贵妃会率领着各位妃嫔、公主以及内命妇等到你的宫中向你行礼。你只需穿着尊贵的皇后礼服，端坐在客厅的宝座上，面带矜持的微笑，一一应对，再认认人，记住她们的脸和封号位分就行了。这样以便以后宫斗的时候，找准

对象。当然你要实在记不住也没关系，反正以后，她们天天都得来向你行礼，总会一一记清楚的。何况你身边，还有伺候的宫女呢，还有你带进宫的娘家侍婢呢，她们会帮你留意一切的。

第六天，终于也轮到你娘家人风光了。这一天，皇帝和皇太后都要分别设宴款待你的娘家人。太和殿与慈宁宫早就备上请客的桌椅板凳和美酒佳肴了。到了吃饭的点，群臣以及你娘家的男丁就前往太和殿喝酒，而你娘家的女眷们则前往慈宁宫赴宴。吃过这顿饭，大婚礼就算全部结束了，从此之后，生活就要靠你自己掌控了，而且还要背负着偌大一个后宫的管理事宜，你就小心努力地应对吧。

不过还有一点你应该高兴。按照清宫律例规定，大婚后的一个月，皇帝和你都得住在坤宁宫的东暖阁，直到满月后的第六天才能分开居住。这时候，你可以在东西六宫中随便挑选一个宫居住。没办法，谁让你是皇后呢，即便皇帝再不喜欢你，这特权还是得给你，这就叫规矩。

其实，我想强调的并非这个。而是这难得的能与皇帝同房的一个月。古代向来讲究嫡庶尊卑，你是正宫皇后娘娘，你的孩子固然是嫡子，但倘若能生出一个嫡长子，自然地位无比尊贵。何况你是原配，胜过其他任何一个人，祖宗规定这样的"特权"，那也是有理有据的。从生理学的角度上来看，一个月刚好是女性的一个月经周期，就算清朝没有那么标准的测算排卵期的程序或工具，只要皇帝肯规规矩矩陪你一个月，这受孕的概率还是相对较高的吧。

但规矩放在那里，还得人遵守啊。从史料可以看出，清朝皇帝在皇

第三章 从今以后，你要和众多女人分享一个男人了

宫中举行过大婚的一共也只有四位，这其中也只有康熙皇帝一人在坤宁宫住满了一个月。剩下的几位，都是不到三五天就找个借口挪腾走了。

生气吧，愤恨吧，怨天尤人吧？可那又能怎么样呢？除了怪体制不健全，没能让你们先恋爱后结婚之外，也只能怪怪自己没有留住老公心的本事了。

独守空房不眠夜，老公啊你在哪里 | 侍寝制度

后宫这个地方，之所以让人向往，是因为你一旦进去了，就有很大可能过上锦衣玉食的生活，而且还可能为你的家族带来无上的荣耀，甚至可能成为母仪天下的女人，再在将来当上最尊贵的皇帝的妈，是为"牺牲你一人，成全一大拨。"

但后宫这个地方，也会让人厌倦，让人心生恐惧，甚至让人产生想死的冲动。那是因为，身在其中的你，有着无数的竞争对手，大家明争暗斗，尔虞我诈，无所不用其极，为的就是比别人获得的多一些。更是因为，一旦住进这紫禁城里，你将可能面对无数个孤寂冷清，独守空房的日子。原因很简单嘛，皇帝只有一个，就算大家均分着用，也是很难匀得开的，万一再遇上一位身体不怎么好的老公，也没能让你生个一男半女的他就撒手人寰了，那你这辈子估计就只能用凄风苦雨来形容了。

不过，操心这个问题的，可不只是你一个人，实际上皇帝们也为此

颇为头疼，为了公平起见，在很早的时候就有人为皇帝专门制定了后妃侍寝制度，为的就是在保障后宫各女子权益的前提下，也适当地约束一下皇帝本人。但规定是规定，有用没用的咱姑且先说着。

早在汉代的《春秋传》中就曾记载过皇帝后宫女子的进御制度。那时候后宫有名分的女子共一百二十一人，至于那些伺候人的宫女则不计其数。当然，天下女人都是皇帝的，他可以按照自己的喜好挑选任何女人与之发生关系，但他也有义务和这一百二十一个有名有分的女人定期过过性生活。

当然，这一百二十一个女人不可能乱哄哄地同时上吧，于是她们就被按照位分来进行了一下分配。其中所占人数最多也是位分最低的为御妻，共八十一位，每个月她们能够有九天时间来分享皇帝，按照平均分配原则，每天晚上有九个女子有机会和皇帝共度，当然，也可能有的皇帝比较强悍能九个一起临幸，这内宫秘事也实在没有什么资料上有如此详细的记载。御妻之上，有二十七位世妇，她们能够分享皇帝的时间每个月只有三天晚上，平均每晚也是九个人。世妇以上有九个嫔，共享一晚上。嫔以上有三位夫人，也是共享一晚上，但这样分到皇帝的概率显然要大得多。

这里头还有一个规定，除了皇后和夫人之外，其他位分的女子超过五十岁之后就不能进御了。既然已经失去了生育功能，就不要再"占着茅坑不拉屎"了。

当然，相信没有哪个皇帝也会钟情一个女人到她五十岁，倘若真的

第三章 从今以后,你要和众多女人分享一个男人了

有,估计也想方设法封为皇后和夫人了,绝不会让对方待在一个不高不低的位置挣扎着。不过这是题外话了,我们放到题外再讲。

这一百二十一个女人被根据位分分开了,掰着指头数数你肯定已经发现了,这一轮十五天,也就是半个月的时间。在古代,这时间上非常讲究,那是根据月亮的圆缺来的。所谓"晦者阴灭,望者争明",逢初一、十五这两个特殊的日子,皇帝按理是不能临幸嫔妃的,因为女性属阴,月亮也属阴,阴气太重于龙体无益。

规定呢,倒是从很早之前就已经那么规定了。但这规则的制定者同时也是执行者,而且他还没有人能束缚得了,因此在历朝历代,都有很多皇帝完全无视这规定的存在,夜夜笙歌不说,后宫女子更是多而不厌,真是不知道耽搁了多少女子的一生。

到了明朝,这进御制度又从之前的"乱来"变得规范化起来。而接下来的清朝,在很多东西上面都是"清承明制",就包括了进御制度,变得更加严密,更加规范化。

相信你还记得咱们前面说过选秀的事情,因为清朝有点民族歧视,所以后宫女子都是八旗子女,鲜见汉人,尤其是在清朝前期。可是咱们这清朝又有特殊性了,那是咱满人从关外打到关内,夺了汉人的天下。这曾经的明朝辖域广,汉人多。可是咱们满人不一样啊,在草原上以游牧方式生活,环境恶劣,人口数量根本没法和汉人比。在这样多重的局限性下,反而使得清朝后宫的女子人数少于之前任何一个朝代。

人少好管理,而且只要不是特别丑陋或者患有传染病的,这些后

宫女子多多少少也还是能和皇帝见上面，不至于一生凄风苦雨地待在宫里，连皇帝长什么样子都没见过的好。人少对于皇帝来说也是件好事情，尽管在皇家传宗接代是头等大事，可相信你也知道，后宫放太多女人，这实在也用不过来。

其实只要皇帝精力充足、身体健康，而且能够换着嫔妃走动走动，实际上要生那么些个孩子也是很容易的事，毕竟男人嘛，只用提供点东西就行了，怀胎十月那是女人的任务。为什么说对皇帝是好事情呢？一来人少可以便于皇帝约束自己按照进御制度来办事。这二来嘛，皇帝也不至于在百花丛中迷了眼，整天只想着这点风流韵事，耽搁朝政不说，也伤身体啊。

因此，咱还是得把规矩放在眼睛里，即便不完全照做，也得时常做做样子遵循一下呀。那么按照宫里头的规矩，皇帝临幸嫔妃这事儿是专门有一个机构在管理的，称为敬事房。一听敬事房这名儿，是不是感到耳熟呢？没错，那就是挂着绿头牌子的地方，而那位每天端着盛满绿头牌的托盘跪在皇帝面前请翻牌子的太监，就是敬事房的高级工作人员。他除了负责请皇帝翻牌子，还负责记录皇帝的性生活，这其中要详细到年月日时，以作为日后受孕的依据。

咱再说说这绿头牌子，实际上不用介绍你也很熟悉了，反正就是写着众多妃嫔名字的木牌，当然，皇后除外，无名无分的除外。

每天，在皇帝吃晚饭的时候，敬事房的太监就会端着银质盘子来找皇帝来了，如果这天晚上皇上没什么兴致，那直接差太监退下就可以；

第三章　从今以后，你要和众多女人分享一个男人了

如果有，那么把他想要见的这位女子的名牌翻过云即可。

片刻工夫，消息就会一层层被递下来了。如果皇帝翻的是你的牌子，首先是由敬事房的小太监小跑着到你宫里，通知你，今晚要侍寝啦。

然后，（通常这个时候，你的宫里会充满喜悦）你的奴婢们就会忙碌起来，准备洗澡水的准备洗澡水，准备衣服的准备衣服，梳头的梳头，补妆的补妆，负责的人不同，有条不紊。做这些事情通常要花上好一会儿的时间，因为你得收拾得香喷喷的，才能去伺候皇帝。

待到皇帝把晚饭忙完，或许再批上一会儿折子，你这边也收拾打扮完毕了，侍寝时间也到啦！这时候，就会有太监过来接你，而你呢，就得赤条条躺在床上，等着太监们用早预备好的高级毛毯子把你包裹起来，直接抬往皇帝的寝宫。实际上到了这一步，你就会发现，前面费心准备一大堆东西其实都是白费，走个过场而已，你最后只能一丝不挂地去完成任务。

你可能会觉得奇怪，去侍寝嘛，穿得花枝招展，坐着马车去不就行了吗？反正到了皇帝面前，有的是时间宽衣解带，干吗非得这么"猴儿急"，直接光着去呢？这样连点基本的情调都没有了嘛。

话是这么说，可是你毕竟生在清朝这个朝代，如若在明朝之前，去侍寝大可不必如此，只因为明朝嘉靖年间，后宫中出现过侍寝的女子携带凶器刺杀皇帝的宫廷丑闻，皇帝才改变了侍寝制度。你不是想带着凶器来行刺吗？我干脆让你赤条条进来，没地方藏东西，断了谋杀亲夫的念头！

赤身入殿这件事情还不算可气，后面还有更奇葩的事情。在进御制度中明确规定，后妃入养心殿侍寝，是不能留宿的，也就是说，办完事儿你就得走人！

"这算哪门子规矩嘛！这夫妻情分，可不是单纯地行个鱼水之欢就能够培养和延续的，要在一起睡觉，睡觉！共同告别黑夜，共同迎接黎明……"好吧，先把你的浪漫思想放一放，咱们说点更让人不爽的。

当你被抬到皇帝的龙床上，实际上这夫妻生活就已经开始了，这调情的事情有没有，咱就不八卦了。关键是，这内侍太监可在外面站着岗呢，隔着那薄薄的帷帐，你觉得他能听不到里面的动静？可他的任务偏就是站在那里听动静的！不但听动静，还得计时！

虽然遍查典籍也找不到这计时到底要计时多久，但能知道规定时间一到，内侍太监就会尖着他的嗓门喊一声"时辰已到"，尾音拖拽得有些长，让你不由得一个激灵，估计也影响了当时的心情。要是皇帝忽略这声提醒，几分钟之后，又会听到第二声重复，就像设定的闹钟一样准时，直到把皇帝喊得有些不好意思了，遂招呼人把你抬回去。然后，敬事房的太监就会把今天晚上发生的事情一笔一画地记录在皇帝的"性生活日记"上。

你说这男欢女爱的事情吧，本是一件令人身心愉悦的好事儿，可在这后宫之中，怎么做起来就变得这么别扭呢？像是完全为了传宗接代，而根本不考虑当事人的感受。你就这么一丝不挂地出现在皇帝面前，还得他立刻就能对你产生欲望，即便这条件都具备了，但颠鸾倒凤之际，

第三章　从今以后，你要和众多女人分享一个男人了

骤听外头一声高喊，真真是扫兴之极。匆匆忙忙来，又匆匆忙忙送走，两人连说话的工夫都没有，如何培养感情呢？

可是，聪明的女人就要懂得如何在这有限的时间内，发掘无限的可能，让皇帝更多地能想到你，离不开你，愿意宠着你，那你就找到最大的靠山了。关于这些策略，我们放到后面说。

虽然进御制度上是这样规定的，但实际上，也不是每个皇帝都会这样遵守，记录在册我们可以理解，为了查证，也是为了保证皇家血统的纯正嘛。但这个半夜叫醒抬回就让人有些不舒服了，因此，很多时候，只要皇帝愿意忽视这个规矩，你就不用太多担心了。

那么关于皇帝的这本"性生活日记"呢。你是不是觉得特别不好意思，这闺房情趣嘛本来是很私密的东西，现在好了，不但有太监"听墙根"，居然还记录在案，那是不是还要广为传阅呢？

最后一点你可以放心了，关于这些记录除了敬事房管这块的太监知道，皇帝自己可以翻阅之外，后宫的女人中，唯有太后和皇后有权力查阅，而且随着皇帝驾崩，这私密的日记也要随之焚毁。

讲完了这明面儿上的进御制度，咱说说这看不见的规矩。尽管清朝的进御制度已经趋于完善，尤其是在乾隆皇帝做了些更改之后，但凡是制度肯定存在漏洞，而这里的漏洞就在皇后和太监这里。

这意思是，你要是得罪了皇后，你的日子就不好过了。而你要是得罪了敬事房的太监，那你就死定了。有言道"强龙难压地头蛇"，这敬事房的太监是每天整理绿头牌子并把它们放到银盘中去的人。回想一

下你看过的清宫片，见没见什么时候，会有四五个太监排成队端着银盘来让皇帝翻牌子的？没有！一般就一人，端着容量有限的盘子来办这件事。

于是，盘子里面究竟放上哪些人的绿头牌子，就属于潜规则的范畴了。你不信哪，就随便开罪一次试试，要是哪天敬事房的管事太监背着手走进办公室，踱步视察，然后在你的牌子面前停下来，不阴不阳地说一句："某某主子这块绿头牌都旧了，赶明儿新做一块换掉。"我敢保证，在当天下午，你的牌子绝对不会出现在那个银盘里，而且此后的几天甚至几个周，几个月，也不会出现。这个时限就看你得罪的程度和醒悟的程度了。

要是智商足够高，你就应该知道，有时候看似地位很低的人，实际上是很重要的。快搜罗一下你藏着的那些宝贝，找一些个好塞，目标不是很大但又值钱的东西出来吧，要记住，有钱能使鬼推磨！

第四章　紫禁城里的"潮女"们

《太真外传》中曾记载了一件事情，说是杨贵妃缢死于马嵬坡之后，有一个村妇拾到了杨贵妃的一只锦袜，如获至宝。于是这名村妇逢人就宣传，自己手上有唐明皇宠妃杨贵妃的"原味"锦袜，这一传十传百，便引来了很多想要目睹锦袜模样的人。精明的村妇从中找到了发财之道，于是她也不下地干活儿了，每天端着个小脸盆就在门口坐着，凡是慕名而来的"客人"，先收一百钱，再请进家中参观杨贵妃的锦袜，一来二去，村妇竟成了十里八乡的富户。看来，这发"死人财"的确是一个来钱的偏门。

从这个故事我们可以看出一个事实，自古以来，宫廷之物就是高贵与神秘的象征，以至于一双杨贵妃穿了还没有来得及洗的袜子，都能让一个普通村妇通过招揽参观过上富足的生活，何况是其他呢？

当然，这宫廷之物，不单让人好奇，更让人艳羡。这就像每天朝九晚五为省几毛钱办张公交卡还要捡"大赠送"活动的好时机的人，去看那满屋子爱马仕包包的新加坡名媛时的感觉，羡慕嫉妒恨，外加遥不可及的蹉跎感。

这事儿放在大清也是一样，活跃在紫禁城中的女人，那都是"名牌傍身"的潮女，尽管绚丽昂贵的珠翠压到脑袋发晕，厚厚的"高跟鞋"让腿肚子打战，可她们依然引领着时尚的潮流，永远被模仿，从未被超越。

头上顶个啥玩意儿？压得脑袋疼 | 后宫女子头饰

琳琅满目的清宫剧估计都已经让你看得有些审美疲劳了，再加上各种穿越，更是混淆视听，让人辨不清究竟身在何方，听着什么样的语言。不过，你要是从我这里搭乘"穿越的小地铁"，有些东西还是要交代清楚的，比如那用来傍身的从头到脚的衣着服饰，要是拉扯错乱了，搭配撞衫了，可是有掉小命的危险哟。

你要是总觉得当清朝后宫的女人不容易，头上总得顶着那么一个比脑袋还大的旗头，压得当真抬不起头，那你就错了。要是还没混到慈禧的那个年代，实际上在清朝后宫中，还没有"占地面积"那么大的旗头的。

"那我去了该梳什么头？"

第四章 紫禁城里的"潮女"们

别着急啊,清朝泱泱大国几百年历史,还是有一些区别的吧,事物总是在发展变化中的吧,咱不能一概而论。当然,能进得后宫当得上皇帝的"同房候选人",在乾隆之前,至少肯定是个旗人。

既然是旗人,应该早就懂得旗人的梳头规矩,在入关之前,旗人都是怎么生活的呀?(当然,那时候也还不叫作旗人,我们还是应该称作满族女子。)

没错,就是大部分时候在马背上,以骑射为生活重心。那要是长发飘飘,随风飞扬,不但招蜂引蝶,增大阻力,还容易引发事故,因此,满族女子通常都是把长发编成辫子,然后在头上盘成髻。这样不但简洁利索,晚上睡觉的时候,还能把发髻当枕头,真是一举两得。

不过身为女子,无论是怎样豪放不羁的民族,爱美总是天性,最能显示女子美丽的长发既然被盘起来了,怎么也得弄点亮丽的东西装饰上去吧,没有华丽丽的珠翠,一根雕饰的木簪也能凸显女性的柔美。

待到努尔哈赤建立了后金国,慢慢就开始建立起一些制度,这其中便有冠服制度。他后宫的这些后妃命妇也有了不同层次但要求严明的"工作服",当然也少不了头上的装饰。为了朝冠的需要,她们将束发松散开来放到脑后。

可是入关以后就不一样了,汉族人民的广阔天地,多元文化,霎时间让长期面对辽阔草原单调风景的人们迷花了眼,最重要的是,在这里再也不用骑马了,尤其是进了紫禁城这个四角的天空,满脑子只围着一个男人转,心思当然放在"女为悦己者容"上面了。于是,满族女子的

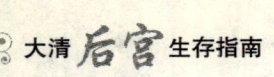

头饰开始丰富起来，应运而生的，是更加健全的冠服制度。

你要是来到清初的后宫，可要注意了，这时候的几位皇太后以及皇后都是非常节俭的，她们本着"打天下容易守天下难"的大的方针策略，一心一意配合着皇帝勤俭持家，即使发型已经变成了"小两把头"，但却不佩戴奢华头饰的，顶多插点鲜花作为装饰罢了。

当然，我还得跟你说说什么叫小两把头。

小两把头就是先将全部头发束到脑后，然后借助一根扁长的簪子，将头发分成两缕分别向左右缠绕在簪子上，最后再用一根簪子横向插入固定。这个发型的产生还是有原因的，为了配合冠服制度，后妃们除了大典时要戴朝冠，其他喜庆的节日还多了一种叫作"钿子"的头饰。钿子前面像凤冠一样，后面有覆箕，上面可以装饰很多珠翠，簪子等饰物。钿子戴在头上，再将发辫垂在脑后就显得不伦不类了，因此出现了小二把头这种发型。一来可以和钿子搭配起来，二来，在非节假日，也可以在头上装饰点简单的鲜花。

啰啰唆唆讲了这么多，其实只是想告诉你，要是身在清初的后宫里，即便想打扮得漂亮一些也是有条件限制的，一来装饰品没有这么多；二来，这太后皇后等高高在上的女人都那么质朴，你要是太过花枝招展，那不是自寻死路吗？

幸好这一拘束到了乾隆朝的时候，终于有了改观。我们的"十全老人"接过雍正老爸的担子，撸起袖子准备像爷爷那样大干一场，当然也在他的努力承接下，开创了康乾盛世的黄金时代。

第四章 紫禁城里的"潮女"们

正所谓"国富民强",或者"一人得道鸡犬升天",随便什么的,我想说的是,因为皇帝让天下安乐了,天下人民也或多或少懂得感恩皇帝,每年都换着法儿地向京城进贡好东西。而皇帝看见那么多好东西,知道有那么多人孝敬他,自然眉开眼笑的,对后宫中人也相对温柔,有好东西也毫不吝啬地打赏。于是,各种稀奇名贵的首饰流传于后宫中,这也大大刺激了这个"女儿国"里各式美女的天性。大家竞相比对着收拾打扮,首饰珠翠供不应求,进而又刺激了民间首饰工艺的发展,这个现象放在我们现在,应该叫作撬动内需。

对于后妃来说,看着面前越来越多让人眼花缭乱的金银、玉石、珍珠,总是恨不得全部装饰到头上去,这时候,小两把头的局限性就显得尤为突出。为了美丽,女人们总是会涌现出无穷的灵感,发架也就应运而生。

这种看似眼镜架的东西或用铁丝拧成,或用木头制成,最大的好处就是能够与头发配合,稳稳地固定在头顶,待头发在发架上缠稳且用针固定牢之后,那琳琅满目的饰品就有了发挥的余地。这还不算完,脑后还剩下一些垂发,就梳成扁平状,用发带束起来,微微上翘,从侧面看就像是一只待飞的小燕子,因此也称为"燕尾"。

发架拓宽了脑袋上方的区域,用来装饰自己以供抢眼的东西就多了起来,但并非每个女子都能有一头浓密的秀发,怎么办呢?为了达到"双架垂于两鬓间"的效果,只能填充上一些假发来充门面了。无怪乎《草珠一串》戏说道:"头名架子太荒唐,脑后双垂一尺长。"

珠宝首饰上了头，有一样东西为其中之最，那就是簪子。在我们大清，簪子是非常能够寄托寓意的物件，因此也成了朝臣命妇和外臣们拍马屁的好东西。乾隆皇帝为母亲办六十大寿的时候，寿礼中的簪子就让人眼花缭乱、瞠目结舌。什么日月升恒万寿簪、事事如意簪、梅英采胜簪、万年吉庆簪等等，这些簪子用料昂贵、做工考究，能留到现代的，已经成了无上珍宝。

你要问，这么多的名贵东西，戴得完吗？可你看看你那满衣柜的衣服，穿得完吗？可不照样不断地买吗？女人嘛，对于美丽的东西总是缺乏抵抗力，何况乎，任你天生丽质，为吸引皇帝注意，还是要打扮打扮滴……

其实到了这个时候，我们传统印象中的旗头依然没有出现，所以，当看到无数清宫剧中与时代不符的旗头亮瞎眼球的时候，千万不要信以为真，那只是一种错误的背景安排罢了。

直到慈禧时期，才真正出现了旗头。而它的出现其实也和慈禧老奶奶的隐私有关。话说这位奶奶到了中晚年，花容早已失色，就连曾经的一头秀发也掉得差不多了，根本没有办法再梳传统的小两把头，于是发明了一种更加便捷，装饰性更强，且不用自己的头发去固定或修饰的头饰，俗称"大拉翅"。

嗯，请注意你的发音，一定要带上浓浓的东北口音，"大——拉——翅"。

没错，就是这么个读法，因为这个东西出现于京城，因此民间也有

第四章 紫禁城里的"潮女"们

称呼其为"大京样"。真搞不明白为什么那么好看的东西名字却那么……古怪。

这个大拉翅是一个类似扇形的硬壳,一尺高,下端用铁丝按照头围大小做成一个圆箍,由底及顶也是用铁丝做骨架。然后用布裕褙做内胎,外面包裹上青绒布和青缎。如此,那些簪子、钗、绒花、金银花便可以大面积地装饰上去,而且比以前省事多了,直接搭配好,戴在头上就行。《清宫词》对此是这样描述的:"凤髻盘出两道齐,珠光钗影护蜻蜓。城中何止高于尺,叉子平分燕尾底。"

不过,你要是以为这东西真的像电视上那么普及,连宫女都可以戴得花枝招展的,那就错了,不信你戴一个试试,立刻招来横祸!你也不看看,这玩意儿是谁的发明?慈禧老佛爷!这位奶奶一生爱美,独爱艳丽的东西,权力欲也非常浓烈,她老人家为了掩饰脱发困扰发明了这么一个好东西,你去凑什么热闹?除非你是她的儿媳妇,而且还得是那个讨她喜欢的。也许她会微笑着赞许你的年轻美丽,再高兴了,取下头上的花开富贵簪赏给你也未必。因此,说一千道一万,想要拥有往漂亮里去打扮的资格,就要先懂得讨好那些如若看你不顺眼你就得死的人!

当然,那是在老佛爷在的时候,有这样不是规矩的规矩。待到老佛爷驾鹤西去,谁还管得了那么多。大拉翅毕竟是个高大上的发明,大家都想追捧,只要钱包里有足够的钞票。因此,连宫外的贵妇也有了这样的装扮。

说到底,身为一个满族女子,你应该感到骄傲的。虽然在生活习惯和潮流脚步上，都赶不上汉人那么"洋气"，但满族女子爱美的心是无与伦比的，在发型头饰方面，一直引领时尚潮流，成为汉人争相效仿的对象。因此，你坐在铜镜前，由一帮下人伺候着收拾打扮往头上插花的时候，一定要面带微笑。这不仅能让你看起来更有亲和力，而且这本就该是你感到骄傲的事情！

休闲、职业、晚礼服……一样也不能少 | 冠服制度

不过，身为紫禁城中引领时尚的潮女，光是头饰怎么能尽显潮流趋势呢？肯定要搭配上当季新款了。但这新款也有新款的规矩，在后宫中，不同级别所能穿到身上的潮流衣服是不尽相同的。

咱先说个大概的。清朝自康熙皇帝起逐渐完善了冠服制度，这一制度主要约束的是朝臣们，当然连后妃们也一并捎上了。说是约束，不如说是彰显等级尊卑，人的高低贵贱，从这衣服中一眼就能看出来，不像我们现在，还讲究低调的奢华，那时候可是赤裸裸地炫富哪。

单看这后妃冠服的分类就可见一斑，冬朝冠、夏朝冠、吉服冠、朝褂、朝袍、龙褂、龙袍、领约、彩帨和朝珠等都不可缺少。

咱先说说这朝冠。冬夏之分就不用细说了，北方四季分明嘛，要说的是这个款式。大清的朝冠和其他朝代的朝冠有着明显的区别，因为它明显地保留了满族的旧制。冠分为两种，一种是缀有红缨的覆钵式复

第四章 紫禁城里的"潮女"们

冠,另一种是覆钵式卷檐冬冠,它们都有共同的标志,那就是顶子。冬冠的制作材料为薰貂,夏冠的制作材料为青绒。在这个等级分明的社会,从朝冠的细节就要开始区分高低贵贱。

比如说这皇后的朝冠,那必须是最高贵华丽的。顶分为三层,每层都饰有金凤,金凤上各有三颗东珠,十七颗珍珠,珍珠上面又衔着一颗大东珠。红缨的四周有七只金凤,每只饰有东珠九颗,珍珠二十一颗,猫眼石一颗。冠后面绣着金翟,也就是一种类似簪子的首饰。在金翟头上装饰着一颗大的猫眼石和十六颗明晃晃的珍珠,翟尾就更霸气了,垂有五行共三百零二颗珍珠,每行分别有一颗显眼的大珍珠。冠后部正中间衔着青金石结一块,装饰有六颗东珠、六颗珍珠,末端还缀有红色的珊瑚,其护领缀着两根明黄色的绦条,带有青缎,末端还缀着宝石。

怎么样,是不是晃得眼睛都花了?这华丽丽的东珠啊,珍珠啊,宝石啊,随便一颗都价值不菲,怪不得那些盗墓贼都豁出命去干呢,利益可观哪。当然也不是每个盗墓贼都那么"幸运"能见到皇后的朝冠,毕竟这皇后人数少,地位尊贵,使用的东西稀奇着呢。

当然,不是每个女人都有皇后命,这皇贵妃、贵妃等等,也有属于她们这个等级的朝冠。咱们按照从高到低的顺序一一往下说。

皇贵妃的朝冠咱可以参考着皇后朝冠的样式来,不过装饰的珍珠和东珠都要相应地少了一些,比如这红缨周围,也有七只金凤,东珠以及珍珠,但少了那颗珍贵的猫眼石。冠后垂着的珍珠成了一百九十二颗,中间衔有青金石结一块,周围饰东珠和珍珠各四颗。其余的部分与皇后朝冠相同。

贵妃的朝冠和皇贵妃的基本没有什么区别，只是冠后的护领绦条采用金黄色。

到了妃的朝冠，造型上与前面三档次就区别开来了，顶变成了两层，均承有金凤，金凤周围装饰着七颗东珠和十七颗珍珠，上衔猫眼石。红缨四周的金凤有五只，各衬着七颗东珠和二十一颗珍珠。金翟尾垂着的珍珠共一百八十八颗，剩下的部分与皇贵妃朝冠相同。

嫔的朝冠就更简单些，就一层顶，红缨四周金凤五只，各饰有五颗东珠和十九颗珍珠。金翟尾垂珍珠共一百七十二颗，剩下的装饰和妃的朝冠相同。

至于贵人、常在、答应和官女子，对不起，你还不够格，没有戴朝冠的编制。很多正式场合不便出席。怎么样？是不是颇受刺激？现在知道为什么宫斗总是那么惨烈，争上位又总是那么热门了吧？低人一等，待遇不同不说，尊严面子上也是过不去的，既然已入深宫，唯有往高处走才是正道啊。

说罢朝冠，咱还得说说这朝冠的配饰。怎么？你嫌麻烦了？身在这个必须讲究的环境中，你嫌麻烦可是最危险的事情，何况后宫女子长日无事，能有个机会，花上几个时辰来穿着盛装，也是打发时间的好办法啊。再说了，当穿衣打扮成为一种制度，势必要有严格的步骤和规定的。

比如说这个金约。什么是金约呢？其实它也是一种头饰，就像我们今天的发卡一样，只是材质要高档一些，多为黄金制作，且在后部还

第四章 紫禁城里的"潮女"们

有垂缀的串珠。后妃们在戴朝冠的时候要先戴上金约,目的是固定住头发,并使其很好地托住朝冠。当然,金约部分也不简单,这是用十多片弧形长条的金托衔接而成,雕刻有金云纹,装饰有东珠和青金石。后妃等级,在金约的金托片数以及金云、东珠的数量上显示出来。

地位最尊贵的皇太后和皇后,她们的金约是一样的,由十三片镂金云片连接而成,织金缎里,共饰有十三颗东珠。后面系有金衔绿松石结,下面缀有五串珍珠,每串都分为三段,共计三百二十四颗,且每串起始的地方都是一颗大珍珠,明显区别于其他。而分段的地方又有金衔青金石结两块。所谓金衔青金石,实际上指的是一种工艺,用累丝云边的椭圆形小金板做底,上面镶嵌一块青金石,周围再装饰上东珠和珍珠各八颗。在这垂缀着的五串珍珠末端,还有五颗胆形的珊瑚坠子。

皇贵妃的金约构成少了一片镂金云片,相应也只有十二颗东珠做装饰。后面的金衔绿松石结下缀着三串珍珠,每串分三节,共二百零四颗。分段处同样有金衔青金石结,只是云边上装饰的东珠和珍珠变成了各六颗。剩下的部分与皇后相同。

在金约上,贵妃和皇贵妃的待遇是一样的,没有什么细节的不同。到了妃,虽然也有十二片镂金云片,但东珠变成了十一颗。缀着的珍珠串珍珠颗数也减少到了一百九十七颗。

嫔所使用的金约与前面这些比较,自然要显得朴素一些,但在寻常百姓看来,也是奢华万分的。八片镂金云,八颗东珠做装饰。后系金衔绿松石结,缀三行珍珠共一百七十七颗。

说到这里，咱先喝口上好的雪顶含翠歇息一下，密密麻麻介绍了这么一大堆，你是不是脑袋都有点晕了？这成百上千颗的东珠、珍珠、猫眼石、青金石……都要同时设置在一顶冠上，不但排列要细致，而且还得美观大方，这得制出多大的一个朝冠来呢？实际上，你参考一下实物图就能知道，这些珠宝细密地排列着，紧凑地簇拥在一起，珠围绕石，不偏不倚，造型别致，熠熠生辉，让人不得不感慨清朝的珠宝设计师们精湛的工艺水平。

而且，你应该已经注意到了，我们其实只说完了头上戴着的东西。现在，把视线稍微往下移一点，咱们来看看后妃们的耳饰吧。

满族妇女有一个传统，每只耳朵都要打三个耳洞，分别戴三只耳环。这个习惯自然也被带到了清朝后宫中，而且在此传统基础上进行了优化，创造出了各式各样的耳饰。有的凸显珍珠的光华，有的强调宝石的名贵，还有的则讲究造型的别致。总的说起来，后宫中的耳饰分为两大类，一类叫作耳坠，其特点是缀有流苏；另一类没有流苏的则称为耳环。在这耳饰上，也是有严格的等级区别的。

《满洲源流考·物产》中有述："东珠出混同江及乌拉宁古塔诸河中，匀圆莹白，大可半寸，小者亦如菽颗（大豆）。"意思是，东珠也是有品相之分的，而且在清代就已经明确地定义出等级了。

皇太后与皇后搭配朝冠的耳饰左右各三具，每一具都装饰成金累丝龙头，分别镶嵌两颗一等东珠。皇贵妃的耳饰造型与之相同，但采用的是二等东珠；妃采用三等东珠；嫔采用四等东珠。

第四章 紫禁城里的"潮女"们

这不管是冠,还是耳饰,都是冠服制度中的一部分,实际上是在参与重大活动时的服饰,这些繁杂的冠服不但讲究设计的款式,季节的协调,还讲究色彩的搭配,真可谓面面俱到啊。而且这些服饰的设计者都是当时国内顶尖的服装设计师,且终身御用制,在民间,那是享受不到这种待遇的,哪怕饱饱眼福都很难。

搭配!搭配很重要 | 衣服、场合以及颜色

前面秀完了头上戴的,现在咱们接着来秀一下身上穿的。我想说的是,像什么美图秀秀等修颜工具,那都是out的,在咱们大清后宫,后妃们的衣服,那是比美图秀秀所能制作出的效果要强大和美好得多,根本无需遮掩瑕疵的工具来做后盾!

先看这朝褂。皇后以及妃嫔们的朝褂共分为三种款式,其统一的特点是圆领、对襟、后开裾。色调为青石色,织金缎或者丝绸,以泥金纱镶边,衣服边缘还会镶嵌有片金。一种款式是绣文前后各有立龙两条,立龙下面有四层相间的褶皱,官方学名叫作"襞积"。造型就像我们今天的百褶裙一样。在这些褶皱上绣有四条正龙,下方则有"万福万寿"四个字。在领后方有下垂的装饰有珍珠宝石的绦条,颜色为最富贵的明黄色。

这种款式是皇后以及皇贵妃的服制,贵妃与妃嫔的朝褂与之相同,

但最大的区别便是那领后绦条的颜色，由明黄色降下一个档次，变成金黄色。

第二种朝褂的款式，绣文前后有两条正龙，以下是褶皱，到了腰线的地方则绣有行龙四条，再往下走是八条行龙的样式。领后同样以明黄绦条或金黄绦条区别身份。

第三种朝褂的款式，绣文前后有立龙各两条，中间没有褶皱，下幅绣有"八宝平水"的花样，同样以绦条的颜色区分位分。

从朝褂我们可以看出来，整套衣服的颜色实际上并没有那么严苛的规定，并不像我们从影视片中所看到的，必须用象征富贵的黄色。只是在领后的绦条上，强调富贵颜色。

与朝褂比起来，朝袍就要相对复杂一些。首先它分为夏朝袍和冬朝袍两种。

冬朝袍也有三种样式，第一种，批领和袖子的颜色都为青石色，批领上的图案为两条行龙，袖子上则各有一条正龙，到了袖口又各有两条行龙。在两边腋下部分是貂皮边加上片金，两肩上下与朝褂衔接的地方也有金边。绣文最是好看，金色的九龙，衬着五彩祥云。下面没有褶皱，直接接八宝平水图样。在领后同样垂有明黄色的绦条，上装饰珠宝。

这种样式，皇贵妃能与皇后享用同款。但贵妃到妃嫔就不一样了，绦条颜色变成了金黄色。

第二种样式，领肩与袖子也为石青色，两腋处片金加上海龙边，绣文前后各一条正龙，两肩上各一条行龙，腰线处有四条行龙，下幅为八条

第四章 紫禁城里的"潮女"们

行龙,上下间隔处有褶皱。这种样式,从皇后到嫔都是一样的,只是所有出现黄色的地方有区别,皇后与皇贵妃的为明黄色,其他为金黄色。

第三种样式,领和袖子是片金加上海龙边,后面开裾,剩下的造型和花纹都与第一种样式相同,低级区别也和第一种相同。

夏朝袍与冬朝袍的区别主要在于材质,你想啊,在北京那四季分明的地方,炎热的夏天怎么还可能穿着各式皮草呢?当然要换成轻如蝉翼的绸缎和轻纱了。质地变薄,款式也少了一种,但绣文等基本没有区别,两种款式的夏朝袍可以参考冬朝袍的第二种和第三种。不过,在细节上,夏朝袍却多出了很多配饰。

首先,夏朝袍要嵌上领约。所谓领约,也就是项圈,戴在颈子上,约束衣领的一种配饰。在清朝入关之前,这个玩意儿的名字还叫作项圈呢,后来努尔哈赤改革了衣冠制度,才给了这么一个官方的名字。而且那个时候,项圈是男人佩戴的东西,也是到后来才成为后妃的服饰之一。

这皇太后和皇后的领约最为华贵,由黄金打造,镂空雕刻手艺,环绕龙纹。领约上平均分布着八块红珊瑚,每块红珊瑚上又装饰着一颗大东珠。在两头衔接处,垂着两条约一尺长的明黄色绦条。皇贵妃级别的呢,领约变成了银质的,装饰的珊瑚和东珠也变成了七颗,那象征地位的黄色,也改用杏黄色。贵妃与妃同样制度,领约造型也与皇贵妃的相同,只是杏黄色绦条又降了一个档次变成金黄色。到了嫔,那就连镶嵌的东珠都没有了。

除了领约，朝珠也是朝袍的必须搭配品。而且这也是咱清朝皇帝、王公大臣及后宫嫔妃们统一的正装配饰。朝珠共由一百零八颗珠子串成，共分成四份，间隔处有一颗明显的、质地不同的大圆珠，称为"佛头"，其中有一颗佛头固定挂在颈椎处，加缀上一颗葫芦形的珠子，称为"佛塔"，佛塔又连接着一串背云，用黄丝绦条垂下，中间系着一块宝石，末端有缀角垂在后背上。朝珠的两肩处还有内容，左边两串，右边一串小珠。每串由十颗珠子穿成，末端缀角，名叫"纪念"。

在宫中举行大典的时候，后妃们都要佩戴三串朝珠，皇后与皇贵妃相同，中间挂东珠朝珠，两边搭配珊瑚朝珠；贵妃中间挂东珠朝珠，两边挂青金石朝珠；妃嫔们中间挂珊瑚朝珠，两边搭配琥珀朝珠。

这前挂后披，左一层右一串，这边一堆珍珠，那边大把宝石的，虽然奢华无比，但想来也是有些累的吧，怪不得搞个什么活动的时候，看这些后妃一个个板着脸僵着身体，原来是制服太沉重，努力绷着呀。可关键还没完，彩帨还没戴上呢！

幸好这彩帨倒也没什么重量，就是挂在朝褂前面做装饰的彩色长帕罢了，这长帕上还绣着花纹，挂着针管和线。可为什么要有这个东西呢？《礼记·内则》中有云："妇事舅姑，右配箴、管、线、纩、施縏袠。"意思就是缝纫女工等活计是一个妇女在家中应尽的义务。你不管是皇后，还是妃子，其实都是皇帝家里的家庭主妇，这一点是不能够否认的。

皇后与皇贵妃的彩帨上面绣着"五谷丰登"的图样，颜色为绿色；

第四章 紫禁城里的"潮女"们

妃的彩帨也是绿色,上绣"云芝瑞草"的图样;嫔的彩帨同样为绿色,但上面不绣任何花纹。

朝褂朝袍咱说完了,还有一样简单的东西没有介绍,那就是朝裙。实际上,最为珍贵也最能彰显地位的东西基本都说完了,相比较起来,朝裙真的算简单的服饰,只是出现在朝褂朝袍下面,延长这两款衣服的长度罢了。但即便是这样,朝裙也照样遵循着皇家铺张奢华的风范。

朝裙也分为夏冬两种,根据材质来区分。冬朝裙片金加海龙缘,上面是红织金"寿"字段,下面是石青龙妆缎。夏朝裙则用缎纱制作。

从这些服装中我们可以看出,这满族女子的喜好和汉族女子确有很多不同。你看汉人女子的衣服,束腰、及地长裙、走起路来裙摆摇曳,似一袭幽香由远及近。而满族女子呢?宽袖宽衣,长袍及脚踝,不管是胖子还是瘦子,统统能够藏在这衣服下面,看不出任何身材曲线,但版型周正。所有的美均见于细节处的修饰。后来,满族女子在中原生活的时间长了,衣服慢慢越做越紧身,越做越省布料,最后就有了凸显身材到极致的旗袍。

看咱华丽丽的大清特制七分跟 | 花盆底鞋

对于咱们爱美的女性来说,高跟鞋属于这样一种东西,它永远以恰到好处的弧度,经典的造型和纤细的身姿吸引着你的目光,当你把它套在脚上的时候，会顿时觉得自信心爆棚，气场强大，甚至年轻了好几岁。可是，当你穿着它行走的时候，又顿时觉得天塌地陷，有一股难以抑制但又不得不强忍的冲动考验着你的韧性，直到你回到家，开门进家的一刹那，相信百分之九十的时光中，你都是先甩掉脚上的高跟鞋。是的，它就是这么一个让人又爱又恨的东西，美丽，但绝不会让你舒坦。疼痛，但从不会令你忘怀。

说到这里，是不是强烈的感同身受呢？然而你可能不知道，咱们女性爱美爱高跟，这并不是现代才开始的事情，早在清朝时期，后宫女子们就已经开始迷恋高跟鞋所能带来的气场提升了，只不过当时宫中还不叫"高跟鞋"，而叫作"花盆底鞋"，当然，造型上和我们今天的高跟鞋也是有一点点差别的。

还记得咱们前面说的冠服制度吧，后宫女子穿什么来着？对，旗袍没错，这长至膝下或脚踝，两旁开衩的美丽衣裙要是拖拽在地上岂不可惜了，折磨衣服料子不说，还容易发生自我踩踏事件，你想啊，要是正陪着皇帝老公逛御花园赏花，不留神踩了自己的裙子摔一跤，这脸可就丢大了，万一皇帝再火上浇油地治你一个"御前失仪"罪，你这辈子岂不是就完了？

因此，咱们宁可在入宫的时候多下点功夫，练习一下穿高跟鞋的本领，到了要发挥的时候，也能够昂首挺胸，摆臂自然，顾盼生姿啊。

其实，这花盆底鞋就是满族人曾经所说的"旗鞋"，也就是说，穿这种鞋子的习惯并不是入关后才有的，而是本来就在这个民族中流传着

第四章　紫禁城里的"潮女"们

的。关于此鞋的来历，还有一些传奇的说法。

在满族中，自古就有"削木为履"的习俗。一种说法认为，古时的满族妇女要上山采集野果草药什么的，因为山上蛇虫出没，她们便把木块绑在鞋底，靠着走路时发出的声音驱逐蛇虫。慢慢地，这种在鞋底绑木头的造型就合二为一成了一双鞋子，且制作工艺日渐精巧，发展成为后来的高底鞋。

还有一种说法认为，满族的先祖们曾被人抢占了生活的土地，为了报仇雪恨，夺回地盘，他们团结一心地朝着敌人进攻。可是这个过程中需要渡过一片泥潭。聪明的先祖们观察到白鹤之所以能在这泥潭中站稳觅食，是因为长着一双修长的腿，因此先祖们效仿白鹤，在腿上绑上了长长的树杈子，借此渡过泥潭，夺回失地。后来的人们为了不忘那段苦难的岁月，也是为了纪念那"高跷"的功能，妇女们便发明了鞋上绑木头的穿法，最终演变成了高底鞋。

传说这种东西虽然有很多不可考的成分在里面，但仔细观察你就会发现，每个民族都有着这样或那样的近乎神话的传说，而且都愿意把自己的民族描绘得幸运无比、无所不能犹如天助……不过这也怪不得咱满族人民，你想想，咱们就靠着那么些马背上的军队打到关内来，占去了汉人这么大的江山，咱不说出点满人比汉人高贵、有能耐的传说来，如何激发出汉人骨子里的奴性，来效忠我们呢？

实话显然有些赤裸裸了，咱还是回到这主题上来，继续讲讲咱这后宫的潮流高跟鞋吧。

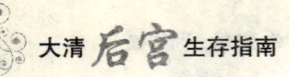

花盆底鞋又叫作"马蹄底鞋",根据鞋跟的形状分为马蹄形、花盆形和元宝形三种,鞋面和一般的绣花鞋造型无异,但鞋底却因为有一块木头而高起来很多,这木头上面宽,与鞋底紧密吻合,下面圆,形状很像花盆的,得名花盆底。还有一种是上面细,下面宽,前面很平但后面呈圆形,造型以及脚印都和马蹄很像,因此叫作"马蹄底"。想来这元宝底无需多描述了吧。但不管是什么底,它们的材质和包装造型都是一样的。

这种鞋子的木头底一般为一两寸高,到了清朝中后期,逐渐增加到了四五寸。整个木头底先要用白色的绸布包裹起来,然后再在木跟不着地的部位装饰上串珠和刺绣。在咱们后宫里头,是非常避讳直接使用白色来做装饰的,称为"凶服",因此鲜见哪位主子脚上的花盆底鞋跟是素净简洁的。

鞋跟已然如此,更不用说这显眼的鞋面了。还记得《甄嬛传》里皇帝专门赐给甄嬛的那双蜀锦做的鞋子吗?其实那也并不夸张,在后宫里,你要是得宠如甄嬛,肯定能享受到这样高端的待遇的。用难能可贵的缎面来做鞋面,上面的金丝绣纹不知道耗去了绣娘们多少时间,而且在细节要求极其严苛的后宫,这一针一线一个针脚都容不得错乱,费工夫不说,主要是虐心啊,精神处于高度紧张的状态,一旦犯一点错,上司非打即骂,罚俸兼罚不准吃饭……因此,你那至高无上的荣耀和用来炫富的华贵物品,无一不是建立在女工们的汗水、泪水甚至血水上的。

绣文只是这鞋面的美丽之一,其上还要装上珠宝等饰物,有的在鞋尖部分还有丝线编织成的穗子,这长度刚好及地。走起路来,这穗子晃

第四章 紫禁城里的"潮女"们

晃悠悠，摇曳风姿，再衬上华美的裙子，高贵的褂子，听着木头鞋底敲击石板地面的踢踏声，真真是迷人。你要是如此走在花园中，偶尔侧身看看鱼池里浮上来呼吸的鱼，恰逢皇帝从旁边过，定然被你这身影所吸引。你不信哪，看看这知名的慈禧太后不就知道了吗？作为一个有心机的女人，她不就是如此得见皇上一面的吗？

宝马香车、雷朋墨镜，显赫包装怎能少 | 后妃的车辇卤簿和仪仗

而今国家正在大力裁减公务用车，按理说，这车的等级，还有用车的数量，应该有着严格的规定。实际上，这也不是现代才有的事情。还记得秦始皇巡视自己的国土时所乘坐的马车吗？那哪里只是马车呀，几匹马共同拉车我们姑且不说，光看这车里的设备，简直就是面面俱到，只差没安装个家庭影院了。为什么呢？因为人家是皇帝啊，天下之主啊，人家出巡一趟，不得什么都备齐了，什么都弄舒坦了嘛。

实际上从那个时候开始，宫廷就已经有了严格的车舆制度，当然这也主要是以天子为中心来设立的，不过身为天子的亲戚们，自然也有享受的权利。这一制度的特点就在于等级森严、不容逾越、规则细节繁琐。

随着朝代的更迭，虽然车舆制度多有变化，但总的遵循着一点：体现皇家威仪。到了咱们清朝也一样，从皇太后到妃嫔们，每一个等级有每一个等级相称的车舆，容不得半点疏忽，否则就是犯了掉脑袋的死

罪。这种感觉就像你的老板只是开着一辆普通的大众途观，而你却开着进口途锐去上班一样的道理，虽然到如今不至于犯上死罪，但你这种行为肯定让老板很不爽，老板不爽了，你就未必有好日子过，在工作中就可能诸多不顺心，不信？你试试！

不过在清朝后宫中，你倒也不用担心这个问题，级别不到，那好的东西即便你垂涎欲滴，也是享受不到的。而作为六宫之主皇后，随便去到哪里，场面一定要恢宏，气势一定要强大，"专车"也不可能只有一辆，不然，皇帝赐给她偌大的宫殿，辟个停车场都绰绰有余了，满屋子的金银珠宝任其使用，不把这兰博基尼、玛莎拉蒂和法拉利什么的买齐了，还叫作全国最有权也是最有钱的女人吗？

但实际上，我们不能按照皇后有多少车舆来衡量这宫廷车舆制度，而是后宫中共有多少车舆，而每一款都有皇后专用来测评。如此，不妨先来看看这历史上有名的慈禧太后的车舆吧。

作为在后宫中有头有脸的人，慈禧太后出门只喜欢乘坐凤舆，她最喜欢的一辆凤舆又叫作藤轿，这顶轿子质地轻盈，但十分结实。从外观上看，前后左右都用金线扎着薄薄的绸子，趁着里层挂着的黄缎。轿子四面分别绣着四条腾飞向上的蓝色飞龙以及八只昂首开屏的金凤凰。轿子的顶部如宫殿的屋顶一般，有金色上翘的飞檐，轿顶正中央则有一个纯金的圆球。

再来看看轿子内部，四面都用杏黄色的贡缎围衬着，绣满了吉祥的"八宝"花纹，分别有：象征和合、富余的淡红色六角形小盒子；象征

第四章　紫禁城里的"潮女"们

鲤鱼跳龙门的彩虹色的龙门；象征整齐有度的浅墨色的鼓板；象征昌盛和繁殖的灰头银色的相并玉鱼；代表长寿的红顶仙鹤；代表祥瑞的深绿色的灵芝；代表和平快乐的白色磐；代表万年长青的松树。这些细致精美的图案一行行地排列着，让整个轿子内部显得富丽堂皇。如此看来，慈禧太后不愧是清朝名副其实的"土豪姐"奢华的代名词啊。

其实，在清朝，后妃们的车舆是经过了一个从质朴到奢华的发展过程的。尤其是乾隆时期的皇后凤舆，乾隆十四年，紫禁城内，一辆由凤辇改制而成的凤舆横空出世。这顶木质的被漆成明黄色的轿子高七尺，并且有两层高一尺五寸的顶。顶上八个角，以及轿身四个角都装饰有金凤。

看轿子里面，全部用明黄色的缎子围成，四角高四尺七寸的柱子上绘有金色的凤凰。轿子的门是双开门，漆成浅红色，高二尺六寸。轿子里头皇后的座位是一个高一尺七寸的朱红色宝座，椅背高一尺八寸，漆成明黄色，并绘有金凤。椅座上的垫子同样是"皇家牌"的，明黄色缎面，绣有彩凤。

再看看要抬起这顶轿子的支撑物吧。两根长一丈七尺二寸的直辕木从轿子底下穿过，下面驾有长八尺的大横杆两根，还有四根三尺长的小横杆，以及长五尺一寸的肩杆八根。就这大横杆上也不忘彰显皇家富贵，漆上了明黄色，中部嵌有铁镂金的一对头尾相向的金凤。其余的杆子也同样漆成明黄色，横向排列的钻孔用铜扣相连，纵向排列的在铜扣上还装饰有镂金凤。

如此奢华的一顶凤舆，要十六个人同时用力才能抬起来，当然这其中不排除壮气势以及力平衡的问题。可我想说的是，没办法，在这等级制度森严的后宫中，你想要坐上这样的车舆，当真只能觊觎后位了。

当然，皇后也不是每次出行都得搞十六人抬轿的排场，正式场合那是要彰显皇家威仪嘛，自然得弄得霸气外露一些。除了最华贵的凤舆，皇后还有一个交通工具叫作仪舆，实际上这仪舆也不是皇后专用的了，皇贵妃，贵妃以及妃嫔们都可以乘坐仪舆，只是这仪舆的装饰有所不同。

除了仪舆本身比凤舆矮一尺一寸之外，整个轿子的体积都要比凤舆小，但内里装饰仍旧奢华，皇后和皇贵妃使用的仪舆都是漆成明黄色的，内里装饰的帷幔也是明黄色，椅子上绘有金龙的图案，而贵妃的仪舆所有色泽都变成了金黄色。最重要的是，这个仪舆只需要八个人来抬，比起那十六人大轿，的确很不一样。

后妃出行，多用轿子，因为大家的活动范围都有限，尽管紫禁城是个辽阔的建筑群，但说到底也只是一座城中之城，从这头走到那头，轿子完全能够应付。不过偶尔，皇帝也会带上皇后和那么几个妃嫔出宫祭天祈雨什么的，轿子显然就不如车马来得速度快了。因此皇宫之中也有各类马车，以备不时之需。这些马车的编制其实和轿子差不多，极尽奢华，且等级分明，只是外形上多了轮子和驾马的车辕罢了。

但后妃们出来活动，尤其是在重要的日子，比如元旦、冬至、册封、祭奠、朝会等典礼的时候，就需要浩浩荡荡组成一个大队伍了，这时候就不是单纯的车舆能解决问题的，需要整个霸气的仪仗卤簿。

关于中国历朝历代的这个仪仗卤簿制度，《明史》这么说："历代

第四章 紫禁城里的"潮女"们

制度虽有沿革异同，总以谨出入之防，严尊卑之分，慎重则尊严，尊严则整肃，是故文谓之仪，武谓之卫……车驾次第，谓之卤簿。"大概意思就是，虽然历朝历代的制度有些不同，但遵循的道理是一样的，既要体现尊卑之分，又要谨慎安全。因此这文的方面是体现礼仪的，武的方面是保证戍卫的，所有这些车驾和随行人员加起来称为卤簿。

为什么非得端着《明史》的资料来说呢？那是因为在这件事情上，清承明制，除了坐在车上和随行的人不同之外，其他讲究的东西都是一样的。不过和前面的朝代比起来，明清两朝，后妃的卤簿算是比较简略的了。

咱们可以从《国朝宫史》中找到关于清朝皇后卤簿的详细记载。

皇后的仪驾有："拂尘二把（猪毛做的），金提炉、金香合各二只，金盥盆、金唾壶各一只，金水瓶二只，涂金交椅一把，涂金方几一只。金曲柄三檐九凤盖一个，金节二只，直柄三檐九凤伞十面，直柄三檐宝相花伞、直柄三檐全红方伞各四面。龙凤扇、雉羽扇各八柄，金凤旗十面。卧瓜、立瓜、吾仗各四个。"

其实个人真心搞不懂，这些麻烦得要死的东西都得找人抬着干什么，尤其要是大热天儿的去圆明园，一路走下来，光是空手都觉得累挺，何况还得周周正正地举着那个巨大的伞！但人家编著《明史》的人也说了，这也是为了体现皇家威仪，表明尊卑之分，搞得麻烦些也实在是有必要的。

对比一下皇贵妃的仪驾，不得不感慨，这低一个档次就是低一个档次，即便位同副后，毕竟也只是个"副"的。你看，皇贵妃的金提炉、金香合只给一个，重要的是这抢眼的直柄三檐九凤伞没有了，直柄三檐宝相花伞倒是有六面，而四面直柄三檐全方红伞则变成了直柄三檐瑞草花伞。团扇六柄，凤旗六面，彩旗四面，卧瓜什么的都比皇后的少两个。

到了妃嫔这里，连仪仗都改名为彩仗了，妃位姑且还有几把直柄伞，嫔位却只有团扇和凤旗的编制了。

不过伞多伞少，都是需要人来抬着的，《国朝宫史》告诉我们，后妃出行，这些抬舆和仪仗队的护卫"俱用旗尉，内廷陈设，则用内监"一语讲明用工分配。

为了说明这仪仗的气势，咱还是得拿慈禧太后来说事儿，没办法，谁让她老人家把整个清朝穷奢极欲做到了极致呢！

"孝钦后（也就是慈禧）乘舆出，德宗亦必随扈，炎风烈日，迅雷甚雨，不敢乞休也。孝钦轿过宫门时，后妃以下皆跪送，轿过乃起，各上轿随行。孝钦轿前导以兵，左右有亲王四人骑马夹护，太监四十五人骑而从于后。帝后轿与太后轿均正黄色，妃嫔轿暗黄色，余为红色。"这是《清裨类钞·宫闱类》里面详细记述的事情。

不过，作为独掌朝政四十多年的女人，气势盛一些也是应该的，毕竟这后宫的车舆、仪仗等等，就是为了增加国家典制威严的，并非单纯的摆设和繁文缛节。试想，要是这皇家和普通人家没点区别，那如何进行专制统治呢？

第四章 紫禁城里的"潮女"们

土豪姐，我们做朋友吧 | 后宫经费面面观

在紫禁城中上班，这样的工作不是每个人都有福气找到的，这里头的工作有个特点，不用耗费身体的力气，只用耗费心力，虽然精神压力有些大，但换得的收获却是丰厚的，如果你能掌握好方式方法，再加入一点点的投机取巧，那赚到的钱真是够养三代了。

不过，一旦提到收入，我们只能看到账面上的数字，这点和现在社会无异。至于灰色收入这一块，是没有什么具体的数字可以统计的，每个人心里都揣着自己的小秘密，除了他自己，谁都不知道他到底有多少钱不是。那我们不妨先来看看这账面上能有多少收入吧。

在咱们清朝啊，后宫所有的开支有一个统一的称呼，叫作"内廷经费"，这个内廷经费中包含了很多项目，铺宫，年例，日用，皇太后圣寿（过生日）恭进，皇后、皇贵妃、贵妃、妃千秋（过生日）恩赐，嫔和贵人寿辰（也是过生日）的恩赐，还有后妃们生孩子的补贴和奖赏，以及宫里面过节、请客吃饭时候的支出等等，各项明目繁多。皇帝对这些支出是非常重视的，也制定了相应的制度。

在大清开国之初，咱后宫里面花销的银子主要是靠着官吏进献交纳，以及皇庄的田地所征收的粮食来提供，如果不够花，就动用户部存

着的库银。咱们的康熙爷比较崇尚节俭，在很多文书中都表示过自己的心愿，希望后世子孙能够"鉴往规来，禁浮返朴"。可惜，这只是个美好的愿望，康熙爷有着开创一个太平盛世，弄得国富民强的能力，却无法管住人们纵享富贵安逸的心。到了康熙晚年，奢侈浮夸之风开始盛行起来。这在后宫和朝臣们身上都有体现。

对此，《国朝宫史》的"经费"一栏曾有详细的记载，咱不妨来看看，所谓皇家的奢侈究竟达到了个什么级别。

比如这皇太后的铺宫，前前后后几百件东西，我一一数出来可能你都觉得困倦了，不妨我换个方式来描述。总之就是这生活必需品，比如烛台、水壶、水杯、碗、碟、盘子、筷子、勺子，还有装茶的茶桶，包括暖手用的手炉都是黄金的，就连炕上的小方桌也用黄金来包边，且筷子和勺子上几乎都镶嵌有宝石。这些东西不止一套，时不时地还得换着使用，金的使腻了，就换银的，这回连锅都是银的了。此外，还有无数铜制的、锡制的以及磁的东西，琳琅满目那是一点不夸张。

皇太后如此，皇后的东西自然不相上下，反正皇帝你让老妈高兴了，也得让媳妇高兴，这婆媳之间才能和睦共处嘛。皇后以下的皇贵妃直到答应，铺宫的项目自然层层递减，可无论如何，也不会让人觉得寒酸，该有的东西都有，照样是一等一的精致。

铺宫的东西，说白了就是我们现在的"软装"罢了，在房子装修好、大件的家具摆设好之后，再添进屋里的小东小西，为的是让这个家看起来更有情调，更有生活气息。而宫里面铺宫的东西，无非就是彰显

第四章 紫禁城里的"潮女"们

贵气，不然，哪里就需要几十个金碗银碗的了？可这铺宫还只是内廷经费的其中之一，接下来的年例是更大的开支。

咱照样先看看皇太后的年例吧，"金二十两，银两千两"，为了让你有概念，我们不妨换算成现代的货币来看，这一两黄金约等于十两白银，一两白银约等于人民币二百元，加起来算算，这皇太后一年的工资大概四十四万人民币……

别咋舌，别瞪眼，更别什么嫉妒羡慕恨，不是每个人都有这种福气的，所谓"什么样的人有什么命"，你要是能争气地生个儿子，同时将其培养成才（除非你是皇后，可以自己带孩子），再讨得皇帝的欢心，等你皇帝老公死后，你儿子顺利继承皇位，你也可以拿这么高的年薪！而且，这只是发到工资卡上的钱，其余的还有很多值钱东西呢。

比如，"蟒缎（织有龙形的锦缎）两匹、补缎两匹、织金（花纹全部用金线织成的云锦）两匹、妆缎两匹、倭缎四匹、闪缎一匹、金字缎两匹、云缎七匹、衣素缎四匹、蓝素缎两匹、帽缎两匹、杨缎六匹、宫绸两匹、潞绸四匹、纱八匹、裹纱十匹、绫十匹、纺丝十匹、杭细十匹、绵绸十匹、高丽布十匹、三线布五匹、毛青布四十匹、粗布五匹、金线二十络、绒十斤、棉线六斤、木棉四十斤（咱现在的半斤等于以前的八两，这些数据你就自己算算吧）、二号银纽二百、三号银纽二百、二等貂皮十张、三等貂皮二十张、五等貂皮七十张、裹貂皮十二、海龙皮十二"。

这料子是上好的料子，大部分只供皇家使用，皮更是名贵的毛皮，一般人家也不舍得去买，而且这也是专门进献到宫里来的，这其中的价值要不你先敲打着你的计算器寻思一会儿？

也许这皇太后的年例太过奢侈了，也不是每个人都能达到的，那不如我再跟你说说位份最低的答应的年例。

"银三十两、云缎一匹、衣素缎一匹、彭缎一匹、宫绸一匹、潞绸一匹、纱一匹、绫一匹、纺丝一匹、木棉三斤。"

这一对比就出效果了，小小的答应在皇太后面前一比，简直没法儿活啊。怪不得这后宫之中人人争上位了，除了恩宠和权势，还有这最实实在在的东西——钱。这有钱能使鬼推磨嘛，有钱了，你做什么不可以，即便不是现成地能做，总能花点钱，找点能做的人吧。可你要是这收入紧巴巴，刚够自己花销的，拿什么去说服那些长期生活在这个纸醉金迷世界中的人呢？

你不要觉得，这年例发放下来了，就像我们现在的工资一样，得担负所有的开销，吃喝拉撒睡都得自己来张罗。在咱大清后宫可不是这样的，白花花的银子发给你，那是让你留着当零花钱的，上好的缎子分给你，自然有人会按照你喜欢的样式去裁制衣服，半点不用担心。而每天填饱肚子的事情，那是宫里头的食堂要为你们操办的，做好了送到你宫里，你吃就行了，不需要付任何的餐费以及送餐费。再加上冬天取暖的炭，夏天消暑的冰，这些都放在"日用"这个项目中单独开支，动不了你那点私房钱。

第四章 紫禁城里的"潮女"们

那这日用究竟有多少呢?因为大部分都是吃的,咱就放在后面再说。现在咱接着说说宫里面重要人物过生日的花销吧。

这皇太后的生日,叫作"圣寿",人家老公死了,儿子当了皇帝,她就是宫里辈分最高的人了,(当然也可能有太皇太后,或者太皇太妃的),即便有人辈分比皇太后高,地位肯定也没有她尊贵,因此大家都得"恭进"皇太后,不但要显示敬重,还要显示人家无与伦比的威严,说白了,就是大家都得恭祝皇太后活个几百岁的样子。

因此,这渴望长寿的皇太后过生日可马虎不得,宫里那是得大放血的。首先,白银就要准备一万两,也就是今天的二百万人民币!(上帝呀,这是什么概念?敢情这是土豪庆典啊,一个生日买辆豪车什么的。)另外,大号小珍珠、小珍珠、大号小珊瑚珠、小珊瑚珠各三百串!(这就是每天戴一串也得用上好几年啊,何况明年还有。)各种珍贵稀有质地精良的缎子布匹就不用细数了,反正成百上千匹,堆在一起都能占用好大一块地盘。

这些只是皇宫里面的开支,以整个皇室的名义孝敬皇太后的,另外还有皇帝和各宫嫔妃,以及外臣命妇们的供品,相信谁都不敢随便送点不值钱的东西打发皇太后吧,别忘了,这些礼品是得登记造册的,谁送了什么东西,在皇太后那里一目了然。不是每个人都能像刘邦一样幸运,在吕家蹭吃蹭喝还能蹭一媳妇的,要是太抠门让皇太后不高兴了,你很快就会尝到恶果的。

你可能想说,那皇太后有的是好东西,真可谓天下第一"土豪姐"

了，也不差这一两样吧，要是这小小的答应常在没什么值钱东西可孝敬，皇太后也能理解吧？可是姑奶奶，谁还会嫌自己钱多呢？比如咱们奢侈无比的慈禧太后，她的宝贝可谓数不胜数了吧？但人家一样见到好东西就眼睛发亮然后想方设法据为己有，人家照样满世界搜罗值钱货，把自己的一切装点得富丽堂皇。就说她这六十大寿吧，花去了清廷一千多万两的银子，折合人民币二十亿元还要多。我相信这世界百分之八十的人都没见过这么多钱吧。可是人家呢，享受得很，根本不关心这笔钱是挪用了北洋水师购买军舰的费用（间接导致中日甲午战争的惨败），可你啥时候见人家富贵得累了，想休息休息节约一下？所以，这狼是喂不饱的。

看过了皇太后过生日的最奢侈，剩下的也就是小case了，反正地位越低，过得越简单。但不管简单到什么程度，基本的花销还是有的，依然算作内廷经费的一部分，依然是通过搜刮民脂民膏得来的。所谓"以天下恭养"，实际上就是满天下的百姓，日出而作日入而息地努力，然后用收入的大部分来豢养咱们这些宫廷闲人罢了，想来舒服，却也汗颜。

第五章　吃不重要，重要的是怎么吃

历代的宫廷饮食都集中了中国烹饪的精华，皇帝及皇室成员所享用的御膳，虽然数量上不及地方菜丰富，范围也仅限于国都，但御膳的质量及奢华绝不是任何地方菜系可与之相提并论的。

"民以食为天"。虽然历代帝王都自称为"天子"，但毕竟天子也是人，一样以"食"为天。和普通老百姓不同的是，帝王们凭借着手中至高无上的权力，可以在全国各地搜罗奇珍异品，役使天下名厨，集聚天下美食于宫廷，其奢靡程度，令人叹为观止。特别是到了清朝，历经各代御厨的精心揣摩创造，宫廷膳食达到了一个新的巅峰。

怎么样，是不是口水已经往下流了？不要着急，身在这个后宫之中，又不用上班挣钱，每天大把的时间可以让你来享受美食。咱们就一起去瞧瞧吧。

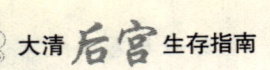

荤素搭配营养齐全，饭前喝汤饭后甜点…… | 后宫嫔妃们都吃什么

入宫后的嫔妃们，作为皇室成员，虽然不可能与皇帝享受一样的待遇，但在"吃"这方面是绝对不能马虎的。毕竟，作为皇帝的家属，不论你是否得宠，只要没被贬入冷宫，只要有一天的身份地位还在，该吃什么就吃什么，该怎么吃还就得怎么吃，不能坏了老祖宗立下的规矩。

于是乎，嫔妃们在宫里的日子，怎么吃，吃什么……显得尤为重要。以致后宫吃喝蔚然成风，其奢靡的后宫膳食，似乎成了嫔妃们唯一能对自己好点的办法，只要不逾越老祖宗留下来的规矩，嫔妃们对各种美食如数家珍，要不是碍着宫廷里的规矩，嫔妃们和今天的"吃货"没什么两样。

还在大清开国之初，宫廷之中实行的是"宴无定制"。所谓的"宴无定制"，通俗点的意思就是，皇帝一个人吃饭觉得没什么意思，觉得吃得不香，或是想和谁吃吃饭，聊聊天了，就可以"钦定"后妃、皇子、亲王、郡王及文武廷臣等，总之，想在饭桌上见到什么人了，就"钦定"下去，被"钦定"的人呢，自然也就可以堂而皇之地与皇帝一块儿入席吃饭，喝酒聊天了。

第五章　吃不重要，重要的是怎么吃

不过，规定是这么规定的，但和皇帝一起吃饭的感觉可不好受，那叫一个纠结。纠结什么呢？一方面，能够与皇帝共进晚餐，这是至高无上的荣耀，而且啊，这face to face的大好机会不是谁都有的，平日里攒了些什么肉麻的话，或是想打谁的小报告，统统可以打好腹稿在此表达，要是掌握了天时地利人和的"挑拨时机"，说不定就能在一顿饭的过程中，打败对手于无形。

可是另一方面呢，与主子吃饭，那得多么紧张啊。主子没动筷子，你肯定不能先动，主子喜欢吃的菜，你就算闻了那东西就过敏，还是得摆上桌来，装作很可口的样子吃一筷子。主子的喜怒哀乐你得观察吧，哪道菜合胃口，哪道菜不招人喜欢，这些东西都得靠你去观察得来的，那时刻提着小心，吃饭怎么能吃得舒心吃得饱呢？

当然，相信没有谁陪皇帝吃饭是图着吃饱的，就像今天陪领导吃饭一样，领导高兴了，你的任务就算完成得好了，自己吃饱没吃饱有什么关系呢？大不了下来加餐。可不能在领导面前狼吞虎咽光顾着吃，这样得显得你多不懂事儿啊。

以上纯属八卦这"钦定"的规矩。

当然，除了"钦定"入宴外，还有除夕、元旦、上元、端阳、中秋、七夕、重阳、冬至、万寿、大婚等在大清都是皇帝法定家宴的日子。也就是说，嫔妃们只有家宴或是被"钦定"时可以陪着皇帝吃饭，其他的日子，大部分时间都得待在自己的地盘上，按宫里的规矩用膳。那么，后宫的嫔妃们在那些皇帝不在身边的日子都吃些什么呢？

后宫嫔妃们平日里的用膳，可别以为像下馆子似的，自己想吃什么就点什么，宫里早已按嫔妃等级给你备好了份例，每天就那些份例，不能多也不能少，能吃就吃，吃不了的可以赏赐给宫女、太监，绝对不允许糟蹋浪费美食。

各级嫔妃的份例，讲究荤素搭配营养齐全，基本是这样的——

皇贵妃：每日盘肉八斤，菜肉四斤，每月鸡、鸭各十五只；

贵妃：每位每日盘肉六斤，菜肉三斤八两，每月鸡、鸭各七只；

妃：每位每日盘肉六斤，菜肉三斤，每月鸡、鸭各五只；

嫔：每位每日四斤八两，菜肉二斤，每月鸡、鸭各五只；

贵人：每位每日盘肉四斤，菜肉二斤，每月鸡、鸭各五只；

常在：每位每日盘肉三斤八两，菜肉一斤八两，每月鸡五只；

皇贵妃以下，各内廷主位：每位每日白菜四十斤，芹菜一斤，葱五斤，香菜四两，水萝卜二十个，胡萝卜、苤蓝各十个，冬瓜一个，酱、醋各三斤，清酱五斤。

以上各级嫔妃每日每月的份例，荤素搭配营养齐全，由膳房精心烹调后按进膳时辰传送给后宫各嫔妃们用膳。当然，一桌膳食好几十种菜肴，很多菜肴不过就是摆摆样子，嫔妃们就算不为了节食减肥，也是不可能吃完的。吃不完的膳食，到最后就赏赐给宫女、太监。所以，在大清后宫当差的宫女、太监的饮食规格基本上就是与嫔妃们一个档次。不过，有福接纳，无福消受，下人们的苦我们放到后面再探讨。

光是这么说说，你可能觉得不甚明朗，不如来看看咸丰十一年十月

第五章 吃不重要，重要的是怎么吃

初十皇太后早膳的菜单吧。

火锅二品：羊肉炖豆腐、炉鸭炖白菜。

大碗菜四品：燕窝寿字白鸭丝、燕窝万字红白鸭子、燕窝福字锅烧鸭子、燕窝年字什锦攒丝。

中碗菜四品：溜鲜虾、三鲜鸽蛋、烩鸭腰、燕窝肥鸭丝。

碟菜六品：燕窝炒熏鸡丝、肉片炒翅子、果子酱、碎溜鸡、口蘑炒鸡片、溜野鸭丸子。

片盘二品：挂炉鸭子、挂炉猪。

饽饽四品：百寿桃、寿意白糖油糕、五福捧寿桃、寿意苜蓿糕。

然后还有鸡丝面和燕窝鸭条汤。

是不是口水直流呢？这也只是皇太后日常早餐的一例，并没有什么特殊的，要赶上宫中庆典，那要比这个更丰富。

"你说什么？一碗鸡丝面就管饱了？"是，一碗鸡丝面的确是能吃饱，但在奢靡的后宫中，吃饭讲究的是营养均衡荤素搭配再加上体现皇家威仪、霸气和有钱……吃饱，那是最后计较的事情。

何况，每日养尊处优的皇太后，走到哪里有人抬轿子，就连想上厕所了也有人赶紧把马桶捧过来，一应吃喝拉撒都有人伺候，自己不用动什么手。每天就这点基本没什么运动量的运动量，天天大鱼大肉的，她又怎么消受得起，还是那句话，多半摆摆样子罢了！

除了这荤素搭配，饭前喝汤，饭后甜点，那是宫里的祖训。在今天看来，如此搭配饮食也是较为科学合理的。

后宫的甜品汤水，由茶房配置，也是按各级嫔妃备办的：贵妃每位例用乳牛四头，得乳八斤；妃每位例用乳牛三头，得乳六斤；嫔每位例用乳牛二头，得乳四斤；贵人以下没有例用乳牛，随本宫主位分例。

后宫嫔妃们的膳食饮品，绝不是看上去很美的样子，大清宫廷饮食讲究色、香、味、形、器五美俱备。宫廷饮食用料广泛而珍贵，菜肴上讲究造型，制作上注重规格，菜名上寓意吉祥富贵，点心须丰富多彩，器具得高贵典雅……总而言之，大清后宫，吃什么很重要，但怎么吃，比吃什么更为重要。

笑不露齿，吃呢 | 关于吃的规矩

虽栖上枝头成凤凰，整日在宫中尽享皇家美食，但宫廷膳食荟萃天下饮食之精华，从选料、用料到烹调至你的餐桌上，真可谓是煞费了一番苦心，假如你用膳弄得像是吃大排档似的，三下两下吃完了事，不仅愧对了一桌的宫廷美食，更有损了皇家的尊严。所以，宫廷饮食一向极为讲究，特别是到了清代宫廷，在饭菜的食用上规矩更为严格，用膳的礼仪体现着各个等级的区别，同样显示着皇家宫廷不可侵犯的威严。

大家为表现出极好的修养及爱好，对宫廷饮食的繁文缛礼，不得不勤学苦练。刚进宫时嬷嬷们教授的那点礼仪，不过就是个基础，不在实战中演练一番，是不可能登堂入室的。

第五章 吃不重要，重要的是怎么吃

那么，你要怎样才能将一桌子的宫廷膳食吃得高端、大气、上档次；怎样才能一边咽着口水，一边遵规守纪地注意形象将自己肚子填饱呢？还是先看看宫廷饮食的祖训吧。

"共食不饱，共饭不择手，毋搏饭，毋放饭，毋流歠，毋咤食，毋啮骨。毋反鱼肉，毋投与狗骨。毋固获，毋扬饭，饭黍毋以箸，毋嚃羹，毋刺齿。"

听到没，这是祖训，就是无论何时，只要坐上饭桌就要遵守的条条框框。看着满桌子的好菜，你必须要在心里念叨着："和老公一块儿吃饭的时候，不可吃得太饱，得先洗手；不能大口吃饭；要吃的饭，不能再放回锅里；不能大咬大嚼的；不能咀嚼出声音来；不能刻意地去啃骨头；夹过的鱼肉，不能再放回盘子里；作为客人不能啃骨头，更不能把骨头扔去喂狗；不能只吃一个菜；不能图快，就用筷子把饭扬起来散热；吃黍饭时不能用筷子；不能自己动手去调料；不能剔牙。"

如此这般的小心谨慎，你才能将一顿膳食用尽。当然，天长日久后，自然也就形成了吃相端庄，怡人大方的样子。

当然，这只是吃相的问题，咱宫里头的规矩大着呢，还有一些得给你细细数数。

你比如说这吃饭的时间吧。后宫是个"大公司"，贴心的老板自然为员工们配备好了食堂，省得员工们一日三餐不知道去哪里解决问题。这个食堂有个专门的名字叫作"御茶膳房"，归内务府统领。既然是大食堂了，自然有做饭和统一供应的时间段，在咱们清朝，每天供应两顿正餐，一顿加餐。后来到晚清的时候，又成了供应两顿加餐。

正餐分为早膳和晚膳，早膳的供应时间一般在早晨六点之后，但有时候会推到上午八点之后，也就是说在早晨六点到上午九点这个时间段，是供应早膳的时候，各宫嫔妃早起洗漱完毕之后，就可以坐到桌前享受这有着二十多种菜肴的早膳了。

晚膳的供应时间是在下午一点或两点左右（因为早上吃得早嘛），吃过这餐之后，下午就不再供应正餐了，到了下午六点左右，会集中供应一顿"夜点心"。你会问，那要是白天饿了怎么办？好办，你可以命下人去御茶膳房给你端些小吃过来，这样糕那样糕的，反正不限量供应，只是说，除了这两段正餐时间，就不再大张旗鼓地给你摆一桌子菜了。

照这样看来，其实咱后宫之中还是颇注重养生之道的，早膳要吃得好，晚膳（实际就是中午饭时间）要吃得饱，到了夜点心的时候，随便吃一点，所谓"吃得少"，省得晚上睡觉的时候肠胃还要忙着消化，不舒服。

可你也许又有疑虑了，这才下午六点，怎么就叫"夜点心"了呢？离睡觉还有N个小时的嘛。请注意，不要用你夜猫子的习性来衡量人家后宫中的生活方式，古人讲究跟着太阳的规律生活，所谓"日出而作，日落而息"，虽然日出起床也不劳作的，但规律还是得遵守嘛。再说了，那时候又没有什么电视、网络的，宫里又规定太阳落山之后不准演戏唱歌，实在也没什么夜生活，除了睡觉还能干吗？顶多在屋里缩着看看书，绣绣花，可是蜡烛那点微光实在伤眼睛，熬红了双眼，影响美观

第五章 吃不重要，重要的是怎么吃

不是？所以你哪，差不多就洗洗睡吧。

好，这吃饭的时间点是定下来了，咱再回头说说饭桌上的事情。那七荤八素几十道菜已经是介绍了的，而且这主子们用过一顿膳之后，可能很多菜都没有动过，这大部分的可能性是吃不了，当然也还有不爱吃的。那所谓"萝卜青菜，各有所爱"，既然有不合口味的，自然也有喜欢吃的，好吃你就多吃点？那你就大错特错了。宫里头吃饭，有一个头等的规矩，叫作"食不过三"。什么意思呢？就是再好吃的那道菜，你也不能去夹第三筷子，你要是吃了第三口，那不好意思了，这道菜呢，十天半个月都不会再出现了。因为你忠诚的奴婢们已经悄悄把这事情记下了。

"我是主子，还不能多吃点我喜欢的东西？这些做奴才的就这么大胆，敢阻拦我作为吃货的喜好？"实际上还真不是那么回事，奴才们也是为了你好。为什么呢？

就因为在后宫中可谓危机四伏，你很可能随时被别人谋害。虽然大部分人可能会通过收买太医来在你的药里面再下药，可也保不齐从食物上做手脚。药你不可能天天吃，但这饭你总得天天吃吧？要是别有用心的人瞅准了你喜欢吃什么菜，专门在你的菜里下点药，你这个吃货能防得了？

也许你会觉得，在菜里面下药这招太直接了，要是真的把你给害了，把菜端去一检验就知道，凶手跑不了！可是，如果真有人存心要害你，而且不想做得那么直接，真凶你是很难查到的，总会有那么一些顶罪的小喽啰站出来，供认是自己做的，而且还要说出那是因为你某天惩罚了人家，人家怀恨在心才想害你的。为什么人家宁愿死也不说真话呢？那指定是幕后真凶行高价再加恐吓，答应照顾这位"替罪羊"的家人呗。

不过，你也不要觉得你的命就那么金贵，实际上，所谓"食不过三"，最初是皇帝自己给自己立下的规矩。不要忘了明朝的教训，不是有宫女在侍寝的时候企图谋杀皇帝吗？自此，皇帝们自然想出无数自我保护的招数，在吃上面就更是小心了，御茶膳房的人做饭，从来不能有人单独待在厨房里，必须有两个及其以上的人共同完成皇帝的早晚膳，而且，还要安排太监试吃每一道菜，看看是否安全。饶是如此，皇帝们还是不放心，于是整出了这个"食不过三"的规矩。

除了一道菜不能夹第三筷子之外，吃的时候脸上还不能有表情，不能因为这道菜吃进嘴里很合胃口就眉开眼笑的，更不能因此赞不绝口。不然，岂不是暴露了自己的喜好？

因为皇帝如此，后宫嫔妃们自然养成了这个规矩，总不能和你皇帝老公一起吃饭，他每道菜随便尝一口，而你端着个燕窝鸭丝吃起来没完吧！

第六章　人际关系要拎清

当我们读欧洲历史的时候，常常会被他们混乱的亲眷关系弄得头昏眼花，比如一个人的母亲同时可能是他的姐姐，或者叔叔同时又是舅舅，这个国家的王后同时又是那个国家的公主之类的，最后总结下来，发现整个欧洲王室，其实都有些沾亲带故。这就带来了一个问题——人际关系相对混乱，比如面对着这个既是叔叔又是舅舅的人，到底该称呼他什么呢？

你也许会感慨，生在欧洲王室也不容易，真想打个电话问问那位出名的与母亲通奸的暴君尼禄，早晨睁开眼睛，看到身边躺着的美女，不知道应该开口叫"妈"呢，还是"爱妻"呢？

这个问题要是困扰到了你，不妨调转目光回到我们中国。其实，从三皇五帝伊始，这近亲婚配保持血统纯正是让人为之骄傲的事情，于是，亲戚的亲戚也成了亲戚，最终亲戚扩散得越来越广。随之带来的除了生物学上不科学的恶果之外，还有一个礼仪学上的问题，那就是称谓。

到了大清，满人执掌天下，最讲究礼仪的民族在称谓上更是容不得半点马虎，尤其在后宫，复杂的称谓搅和上复杂的人际关系，真的是让人挠头，一不小心，那可就是祸从口出了哦！这在我们大清，专业名词称为"失仪"。

三姑六婆大姐大姨大叔大伯 | 称呼最重要

在后宫这个大家庭中，真是所有人都沾亲带故，论血缘，论辈分，不管论什么东西，每个人都必须有一个恰当的称呼。更何况咱们是处在最讲究尊卑礼仪的清朝后宫。但由于咱们是少数民族嘛，很多称呼与汉人的都不同，实际上也是沿用了满语。这本来不是什么奇怪的事情，就像你是东北人，就说东北话；你是四川人，就说四川话一样。但如果你是一个生在东北的四川人，就不一样了，如果没有人专门在你身边给你创造四川话的语言环境，相信自小在东北长大的人，还是说得一口东北话。

我这么说，是想帮着你澄清一个问题，虽然你作为秀女光荣入选，户口本上民族一栏自然写的是满族，或者蒙古族，可是大清入关这么多

第六章 人际关系要拎清

年,你在中原的环境中长大,身为满族人不会写满语是很正常的事情,也许连话都说得不是很清楚,虽然皇帝们都叫嚣着"满汉一家亲",可是满族人和汉族人,还是区别很大。

你不会说不要紧,但要勤于学习,别的不说,称呼首先要学会,不然可不只是出洋相那么简单了。

先说说那一国之君的皇帝吧。虽然贵为天子,但他也是人嘛,是人的儿子,是人的丈夫,是人的父亲。那这周围的人都怎么称呼他呢?其实前面已经介绍过了,皇太后称自己的儿子为"皇帝",那些皇太妃们也一样。同辈人,不管你是皇后还是妃嫔,或者宫女,统统称呼其为"皇上",高高在上嘛。而儿子女儿们呢,就称其为"皇阿玛",这个阿玛也就是满语中父亲的意思。

那么皇后呢?不管婆婆还是丈夫还是姐妹,统统称其为皇后。如果和皇帝感情不错,在私底下,皇帝也许会称呼其名字。不过,闺房中的事情无定制,谁也不好说,如果是你,能让你的皇帝老公在房里称呼你的乳名,则证明你的确能得老公宠爱啊。

那孩子呢?反正你要是皇后,便宜就占了老大了,皇帝的所有孩子,不管是不是你生的,都得称呼你一声"皇额娘",毕竟你是国母嘛。当然,有这么多孩子未必是好事,尤其如果当中没有一个你亲生的,那你这个妈就要拿出点高瞻远瞩的智慧来了。

那你和其他姐妹们该怎么相互称呼呢?关系好一点的,平时多走动的,在私底下确实可以以姐姐妹妹相称。如果你的两个"闺蜜"同时在场，那就在前面加上一个字，比如人家是容妃，就叫"容姐姐"。当然，这只是非正式的场合，如果当着很多人的面儿，或者请安问候的时候，就不能姐妹相称了，得规规矩矩地叫人家的封号和位分，比如"熹贵妃"什么的。

到了下一代，康熙朝有明确规定，皇子们在赐名后按照排序称为"皇×子"，当然，这是在正式的文书上出现的，或者在和朝臣们讨论某位皇子时的称呼。如果是当面遇见了，那就称对方为"阿哥"，当然在前面还是要加一个排序，"三阿哥"、"五阿哥"什么的，注意这"阿"字发第四声，"哥"字则发轻声。

阿哥在未封爵之前，称呼非常单一。反正你也没有多少机会见到人家，见到了，按理也是人家得先给你行礼（如果你位分够高的话），你只要颔首回应就行了，要是有心呢，关心一下人家的学业，也能为你博个贤良的名声。

那皇帝的女儿们呢？在很多关于清朝的影视作品中，我们都经常会听到"格格"这个称呼，尤其是这一部《还珠格格》，简直伴随了80后这一代人的成长了。可是"格格"这个称呼却是非常值得商榷的。

"格格"其实是满语的译音，翻译过来的意思就是小姐、姐姐的意思。在清军未入关之前，格格这个称呼是很常见的，但也只限于贵胄之家的女儿，平民百姓是不能用的。皇太极入主中原之后，逐渐开始统一后宫中的称谓，因为历代称皇帝的女儿都叫公主，于是清朝也沿用起了公主的称呼。

第六章 人际关系要拎清

《清史稿》中有著:"公主之等二:曰固伦公主、曰和硕公主"。在满语中,"固伦"是天下的意思,唯有皇后与皇帝生的女儿,才配得上这"固伦"二字。其余嫔妃们所生的女儿,则为"和硕公主"。但这所谓的固伦公主与和硕公主并不是生下来就能尊享的,必须得等着皇帝爸爸封,在未受封之前,公主们也不过是统称小公主。

好了,主要的人物关系都理清了,你只要照着喊就行了,基本不会出什么问题。还有一些人呢,他们不会经常出现在后宫中,但了解一下谁是谁,谁跟谁是什么关系,也是非常必要的。

比如,这和皇帝有着千丝万缕关系的各位叔伯兄弟,他们到底被分为几等,见了面儿又该怎么个称呼法儿呢?

在努尔哈赤确立了八旗制度之后,封了那些子侄为八旗的旗主,统称为八和硕贝勒。皇太极继位后,建立了贵族封爵制度,把爵位分成了五等。到了顺治朝,正式将爵位确立为十二等,分别是亲王、郡王、贝勒、贝子、镇国公、辅国公、不入八分镇国公、不入八分辅国公、镇国将军、辅国将军、奉国将军、奉恩将军。

这一等一的亲王,一般人是不用去艳羡的,通常情况下,这个位置只留给皇室宗亲们,且是皇族的嫡亲,比如皇帝的哥哥弟弟可以封为亲王,还有皇帝的儿子也可以直接封为亲王。

亲王的儿子,一般就封为郡王,这是"世降一级"的老规矩,这一来能防止这些王渐渐坐大,起谋逆之心,二来也要设立点奖励机制,好让大家为国效力呀。当然,也有那种老爸立了不世之功,皇帝特许爵位世袭罔替的，这种人们俗称"铁帽子王"，如不犯大错，永不降级。

到了贝勒这个级别，除了皇帝的儿子可以封之外，皇族其他人的儿子也可以封为贝勒。贝勒的儿子封为贝子。剩下的，在皇族中就不常见了，而你在后宫之中更是少见，因此，只要记住那些个近亲就行。

其实顺治爷在制定爵位等级的时候，也把"格格"的等级确立了一下。这里的格格就不是指的公主了，而是指皇帝之外的皇亲所生的女儿。

格格被划分为五等，即郡主、县主、郡君、县君、乡君。

郡主又称和硕格格，为亲王所生的女儿。而郡王所生的女儿称为多罗格格，即县主。贝勒的女儿是郡君，称呼也是多罗格格。贝子的女儿为县君，称为固山格格。地位最低的乡君一般是镇国公、辅国公的女儿，她们则直接称呼为格格。

所以说，那《还珠格格》中，不管是紫薇还是小燕子都不可能被封作什么"格格"的，从紫薇的角度上来说，虽然她的母亲只是一介平民，可毕竟她是龙种，好歹也是个公主，皇帝要封，也得封为和硕公主，这才对得上品级嘛。

我能嫁给"直辖市市长"，你就没机会了 | 公主要怎么混

纵观中国历史，贤能君王不计其数，昏庸之主也不在少数；贤良淑

德的后妃比比皆是，但心狠手辣的女人更是不胜枚举。然而在这后宫之中，还有一类女子占据着重要的地位，她们既无须去和各路妃嫔斗智斗勇，当然也不可能成为"海内小君"干涉天下，完全属于"不作死就不会死"的类型，这一拨鲜花就是我们的公主了。

不过并不是每个公主都能认了自己女儿身的命，不怨不争，开心活到老的。且看汉朝时候的馆陶公主，这位典型被母亲宠坏了的横蛮女子真是到老了都不知道收敛，霸气外露不说还有点神经大条。不过她此生做得最成功的一件事情，就是把自己的女儿阿娇硬生生地塞给自己的弟媳妇王美人做儿媳，然后阴差阳错地成了皇帝的丈母娘，享受了无数特权，汪洋恣肆地躺在各路男宠的怀中不知所以。这也算是命好的人了。

再有武则天的女儿太平公主，这位是武则天和唐高宗李治的小女儿，颇得父亲宠爱，原本只用安安分分等着长大，嫁给一位如意郎君，永享清福就行了。可是她偏不，这大概也是因为她有一位野心勃勃且颇具政治才能的母亲有关系。太平公主倒是处处效仿自己的母亲，发誓要做第二个女皇帝，且心心念念，吃不香睡不着地等着母亲把皇位传给她。结果呢，活生生印证了"不作死就不会死"的箴言，可能太平公主最后都想不通这个道理，即便你再有一个当了女皇帝的妈，你也不是女皇帝！

到了咱们大清，公主差点就不叫公主了，关于公主的管理制度较前朝也有所改变，但这些制度孕育出来的，却是一段段悲惨的人生。

照理说，公主们在宫中的地位可谓不高不低，因为她们并不是这皇家的主要"劳动力",既不能代替嫔妃们为皇帝生儿育女,又不能代替皇帝去治理朝政,说到底,从她们呱呱坠地那天开始,就注定是留着赏人,给皇帝撑面子的。要么以和亲的方式赏到异域,要么就以笼络人心的方式赏给某位重臣。

清朝从建立之初到画上句号,后妃们共给各位皇帝诞育了一百多位公主,这其中未嫁出去的有三十七位,她们多半身体不好,没活到成年嫁人那天就死了,当然也有几个属于不知道为什么没嫁出去的,只能留守宫中终老。

嫁出去的,未必能获得幸福的生活;没嫁出去的,也不见得就多么凄惨。这就是皇家女子的命。

不信你看看努尔哈赤的第四个女儿穆库什,她可谓清朝历史上公主悲惨命运的代言人。十四岁时,她被父亲指给了布占泰,可是没多久,这出联姻的戏就演不下去了,努尔哈赤与布占泰反目成仇,她就被接回了家,这时候,她已经怀着布占泰的骨肉了。

十八岁那年,她又嫁给了比她大三十三岁的额亦都,人家并未嫌弃她曾经嫁人生子,老夫少妻的日子也还算是和睦,可惜,没享受几年平静时光,老公就撒手人寰弃她而去。这场婚姻给她带来的唯一好处,是生了个名叫遏必隆的儿子,也就是康熙朝著名的辅政大臣之一,不过待到遏必隆风光的时候,这母亲早就入土很多年了,儿子的福是一天都没享受到。

调整心情,休养生息,她还年轻,必须再"战"。于是二十七岁

第六章 人际关系要拎清

时,穆库什又嫁给了继子也就是前任老公额亦都的第八子图尔格(这不是乱伦嘛),虽然她日夜祷告神明祈求幸福终老,可显然神明不愿搭理她,连她自己也不敢想,她的幸福会毁在自己含辛茹苦抚养长大的女儿身上。

这件事情说起来就比较奇葩了,穆库什的这个女儿,是她与第一任丈夫布占泰所生,还怀在腹中便注定要在努尔哈赤的部落中长大。虽然地位不高,但努尔哈赤还是很疼爱这个外孙女的,待其成年之后,便把她嫁给了自己的孙子尼堪。小夫妻俩自幼青梅竹马,是真正的从爱情走向婚姻。可结婚十多年,一直没有孩子。为了延续香火,尼堪动了再娶一个侧福晋生子的念头。好巧不巧,这时候,穆库什的女儿却宣布自己怀孕了,并在九个多月后顺利诞下一名女婴。

本来是皆大欢喜的事情,但不久之后,尼堪的母亲就发现,这名女婴根本不是儿媳妇所生,而是从外面悄悄抱养来的,妄图冒充爱新觉罗的血脉!这下可是晴天霹雳啊,皇太极万般震怒,立刻判决了当事人,连相关人员都没能幸免,于是,穆库什的老公图尔格被革去了子爵爵位,免去固山额真的职务,遏必隆也被革爵。最惨的还要数当妈的穆库什了,自己的女儿闯下的祸,自己来收拾烂摊子。她也被革去了和硕公主的名号,被逼与图尔格离婚。这个时候的穆库什已经四十三岁了,惨兮兮地回到自己的部族,和自己同母兄弟一起生活。

她究竟活到多少岁,史料上没有记载,可能到了她的晚年,正逢世界动荡王朝更替,谁也没工夫关注这么一个嫁了三个男人的普通公主吧。不过从穆库什的经历我们可以看出几点问题。在努尔哈赤及其以前的时代,"父妻子婚"是满族社会普遍存在的一种原始的族外婚形式,"嫁娶不择族类,父死子妻其母"的现象时常发生。这在我们今天看来是非常不可理喻的,但在当时,原始部族为了发展壮大人口,便也顾不得许多了。因此穆库什才会嫁了老子又嫁儿子,搞得都不知道该如何称呼了。

后金进入辽沈地区之后,慢慢接受了汉文化的熏陶,尤其到了皇太极时代,这位君主是十分痛恨父妻子婚这一陋习的,早在天聪五年,他就颁布了"禁止婚娶继母、伯母"的政令。因此,对于穆库什的惩罚,不得不说皇太极的别有用心,他这招杀鸡儆猴的策略自此绝了满族遗留下来的乱伦陋习。

不用嫁了老公嫁儿子,多次易主,这公主是不是就迎来幸福美满的春天了?嗯,看上去还蛮像那么一回事儿。但个中心酸,真不是几句话能说清楚的。

大清的公主,那可谓金枝玉叶,无论生母地位高低,但至少她们都有个牛逼的老爸,当然,这老爸可能是皇帝,也可能是皇帝的叔伯兄弟,反正都是皇亲国戚。因此,公主即便是许配给别人了,也是称为"出降"、"下嫁"或是"釐降",而公主的老公则称为"额驸",属于一个地位高的人嫁给一个地位低的人了。

公主被指婚之后,宗人府管事的大臣就会把额驸带到乾清门下,跪着接旨,然后按照选定的黄道吉日,进行一系列属于公主婚礼的程序。最

第六章 人际关系要拎清

重要的是，皇帝还会亲自送给公主一份嫁妆——一座宅院，让公主出宫居住。

怎么样，这"国二代"、"官二代"的婚姻看起来是不是相当不错呢？长辈们为其铺好了路，大宅子住着，那得少奋斗几十年！你要是艳羡得紧，劝你赶紧收起那馋兮兮的样子，因为很快你就笑不出来了。

按清律，公主是君，额驸是臣，君臣是不能同屋而住的，也就是说除非公主宣召，否则额驸不能擅自出入公主寝室。你可能要说了："这有什么难，外面讲究点君臣之礼，关起门来过日子谁知道谁啊，即便真的不能同院同房而住，公主自己招呼一声不就行了吗？"真要这么简单，清朝公主几乎没有生养后代的事情是怎么发生的呢？总不能说她们都遗传了"不孕不育"吧……

实际上，公主出嫁，移宫别住，宫里要专门安排一位嬷嬷随侍，这位嬷嬷的身份比较特殊，一来是照顾公主，二来是提点公主，也就是监督。为什么要行使这么一个监督事宜呢？因为公主是代表皇家出嫁的，这与平民百姓结婚不同，人家讲究"嫁鸡随鸡，嫁狗随狗"，可到了公主这里，即便是嫁给他人了，还是要保持皇家威仪，一言一行都不能坏了规矩，更不可厚颜无耻地贪恋男女之事。

嬷嬷跟着公主出了宫，住进了大宅子中，额驸这边不可能不分配些奴才来伺候吧。何况嬷嬷身份特殊，实际上，公主身边的嬷嬷基本就不伺候公主了，而是专门执行管理。这管理的事情，就是公主与额驸同房的事情。

咱再看看这些嬷嬷，她们基本都是一些"老处女"，一辈子没有结婚生子，却在那风云变幻的后宫之中生活了几十年，或者说"憋了"几十年，心理方面多多少少都有些变态，最见不得的恐怕就是男欢女爱的事情了，倘若这公主和额驸是郎情妾意，你侬我侬，嬷嬷便会觉得违拗了祖宗对女子的要求，一个正统的高高在上的公主，怎么能够风情地去勾引男人呢？于是，嬷嬷们往往搬出宫规典制，强行阻止公主与额驸见面。

但公主也是正常人啊，既然已经嫁作他人妇了，就算不求举案齐眉，相敬如宾，但至少有个孩子，当作心灵的寄托呀。可孩子不会凭空就来，还是得找额驸同房。

深宫中长大的公主多半受到的都是含蓄内敛的教育，如果嬷嬷再凶残一点，她们更是怯怯地不知道怎么开这个口了。只好搜罗带出来的嫁妆，把这珠宝玉翠绫罗绸缎的统统翻出来"孝敬"给嬷嬷，然后红着脸不吱声。

拿了公主好处的嬷嬷也会替公主传个话儿，但这拿一次好处，也就办一次事情，往后还想要见额驸，就得多拿出些好东西来。嬷嬷的嘴喂叼了，公主们却被榨得一干二净，给不出值钱的东西，嬷嬷连搭理都不带搭理人的，有的甚至还会虐待公主，每每伺候穿衣梳洗，掐几把泄私愤的不在少数。

你可能会说，既然憋屈至此，想办法收拾这些凶恶的嬷嬷呀。公主不是有进宫见娘家人的机会吗？告状去呀。

第六章 人际关系要拎清

可是你要知道，能开得了口告状、脾气大的人，自然就不会被老嬷嬷欺压了。反过来，但凡被欺压惯了的，又有哪个不是柔弱怯懦的，即便见了亲娘也开不了口啊。而且这里还有规矩拘着，嫁出去的公主入宫，多半也是和嫔妃命妇们在一起，没有机会面见皇帝。有的话，跟母亲说，那说了也是白说，母亲自己姑且自顾不暇，哪里管得了你闺房中的事情？就算能见到皇帝父亲或者皇帝哥哥吧，想跟男人同房这种事情，怎么开得了口！

因此，清朝大部分公主都短命，为什么呀？明明嫁人了，却如同守活寡，还要每日每夜被个变态的老太婆各种欺辱，虐心而死也不奇怪！

不过，在咱们清朝历史上，也有这么一位泼辣公主，勇于争取自己的权益，最终和丈夫过上了幸福的生活，她就是道光帝的大公主。

大公主被指婚给符珍之后，每每宣召都被嬷嬷刻意阻拦，一来二去，竟是一年多都没见到丈夫的面。恰好宫中搞盛大庆典，大公主借此进宫来到皇帝面前就问道光帝她老爹道："说起来，你这是把女儿嫁给了谁？"

道光帝丈二和尚摸不着头脑，想了半天答道："你的额驸不是符珍吗？"

大公主答道："我也以为是啊，但女儿这嫁过去一年多了，还是不知道符珍长什么样子。"

道光帝奇怪地问："为什么呢？"

"因为保姆不让见！"大公主生气地回答道。

"你们夫妻的事情,关保姆什么事?你自己做主就行!"大公主等的就是这句话,回到府上,把嬷嬷狠狠地斥责了一通,然后召见了自己的老公符珍。两人感情甚笃,生了八个子女。自此,二人再没有嬷嬷的干涉了。

可惜,这位大公主也只是清朝唯一一位与驸马伉俪情深白头偕老的,剩下的公主,那都是制度的炮灰和嬷嬷们贪婪变态的牺牲品,追究起来,这也是因为当权者给了嬷嬷如此大的权力,却又不加监督惹的祸。

现在你知道了吧,公主这种名声在外,看似风光的职业还是不要轻易地去干,很短命的。相比较起来,为了和亲而嫁到外邦的公主似乎还能幸运一点,至少她们可以见到丈夫的面,也能时不时争取个同房的机会。但嫁到外邦,也意味着要继续忍受父妻子婚的不公待遇,而且可能语言不通,习惯不一样,被歧视,被排挤……总之,苦水一大堆。

还羡慕公主的大宅子吗?还羡慕公主的各类奢华服装铺张饮食吗?事实证明,只有内心愉悦才是好好活下去的不二法宝。

这两个女人管得最宽 | 皇后和皇太后的责权

清太祖努尔哈赤虽然一辈子因为政治原因娶了很多女人,这些女人中大部分也未必能够如他的心意,虽然在晚年的时候非常宠爱大妃阿巴亥,以至于留下遗命,将汗位传给他与阿巴亥所生之子多尔衮,为此差

第六章 人际关系要拎清

点导致了一场兵谏，最后以伤害最小的宫廷政变收尾。但总的说起来，努尔哈赤老先生还是一个明事理的人，尤其在女人这件事情上，他早就劝诫子孙们："不要太过迷恋女人而荒废了政务，毕竟男人是应该以事业为重的。"

他很清楚在自己的一生中所陪伴在侧过的这些女人，每一个曾经扮演什么角色，而今又该扮演什么角色，她们有什么背景，与自己结合又能为自己带来什么好处。说白了，在他所生活的那个波谲云诡的年代，对于他这样一个野心家来说，合理利用女人能带来的关系和好处是必须修炼的技艺。而他也修炼得非常不错。

努尔哈赤的这些优点，很大一部分遗传给了儿子皇太极，实际上，在努尔哈赤披荆斩棘，开拓疆域的时候，就已经透露出运筹帷幄管理后宫的能力和意思了。他希望能够订立一些制度，严格地约束这些女人，使她们各得其所，对自己尽忠的同时还为自己生儿育女。于是，后妃制度初见雏形。

作为一个规则的制定者，努尔哈赤同时明白，为君者要操持天下，不可能天天挤在一堆女人中间搬弄是非，女人的事情还是应该女人来处理，于是中宫之主——皇后，就被赋予了极大的权力。她可以管理后宫所有人，在一定程度上也可以管理皇帝。这样，皇后就不光是皇帝的附属品那么简单了，她虽然依附皇帝，但却也能打着母仪天下的旗号约束皇帝。正所谓"治天下者，正家为先，正家之道，始于谨夫妇"。

无怪乎每个人都想荣登后位呢，因为"说得算"的感觉实在是太美好了，这比每天接受大家跪拜，口中说着言不由衷的祝福语要来得实际得多。慈禧太后就曾经颁布过一道懿旨："皇后有统率六宫之责，内宫妃嫔等如有不遵家法，在皇帝面前干预国政，颠倒是非，着皇后严加访查，据实陈奏，从重惩办，绝不宽贷。"这道懿旨主要说明了两件事情：其一，明确指出后宫女子不得干政（可是她自己倒是干得不亦乐乎）；其二，皇后具有统率六宫，号令嫔妃的权力。

至于这统率六宫具体是做些什么呢？其实琐事多了去了，比如执行宫中法纪，维护宫内的等级秩序，再比如惩戒宫人等，最重要的当然还是劝谏君主了。

说白了，那就是皇后可以阻止皇帝任意出入女人们的寝宫。在前面咱们说过，清朝和其他朝代还不一样，皇帝过夜生活不是去后妃们的宫殿中过，而是有专人将后妃们送到皇帝的寝殿中去（当然，这一点上皇后除外，这国母的特权就是不用被扒光了直接送到床上），不过这也不是死规定，有的皇帝住腻了自己的寝宫，总乐意到女人们住的地方去睡觉这也是有的，但想要这样做，就必须经过皇后的同意，见到皇后的金印了，皇帝才能朝某个妃嫔的寝殿挪脚。这要是皇后不高兴、不乐意，偏就不给发那个"同意书"，皇帝即便是到了人家后妃的门口也是不能进去。

当然，这只是书面上的规定。相信没有几个皇帝会如此尊重皇后的责权，真的说不去就不去；如此傻傻地、明目张胆地干涉皇帝的皇后也不多。不过，未经许可去妃嫔寝殿过夜也好，或者过度沉迷于女色，专宠于某人也好，这些都是有违祖训的，从皇后的责任上来说，你是有必

第六章　人际关系要拎清

要提醒你的皇帝老公的。

《清稗类钞》中就有一个故事讲的是皇后劝诫的事情。说是某位皇帝有一天晚上擅自宿在了某个嫔妃的寝殿里。伺候的内监不敢大意，赶紧辗转把这件事情奏报给了皇后。皇后生气了，杖责了跟着皇帝的太监，然后知会内务府的工作人员。几分钟后，就有人来到皇帝留宿的寝殿外大声朗诵祖训。因为是祖训嘛，连皇帝也不能违背的，只好穿着衣服出来，跪在地上听训，这一念就念到了快上早朝的时辰才停止。

这简直是一个清代版的"御夫记"啊。这位皇后多么有心机，也不直接出面，但让人端着祖训就讲道理去了。那祖宗大于天，哪个皇帝敢明着违拗？这下好了，不温不火地把时间消磨过去了，这皇帝吧，本想着搂着心爱的女子睡个好觉，而今却只能跪在廊下受冻挨饿，满肚子憋屈！可他还不能发作啊，人家皇后是按照规矩来办事的，且兴师动众地搞得整个后宫都快知道了，就算自己想抱怨两句，或者冷淡皇后，也不能做得太明显，否则一来显得小气，二来肯定得惊动皇太后来训斥了。

看来这皇后的"软制裁"还是有一定效果的。你不但能够用最光明正大的方法把你老公从"贱人"身边抢走，而且还能搬出一大堆理由来惩戒这些"贱人"。比如慈禧太后在为嫔为妃的时候，就遭过这种"待遇"。

彼时的咸丰帝还是很宠爱孝钦的（也就是日后的慈禧太后），尽管当时她还只是懿嫔，但仍然把皇帝老公吸引得五迷三道，竟然待在她的寝殿中缠绵，数日不上早朝。这下，孝贞显皇后慈安着急了，亲自捧着祖训就来到了懿嫔的寝殿外,跪下,把祖训举到头顶,让人去请皇上出门听训。

咸丰皇帝这下抓瞎了,怯怯地走出去告诉皇后:"我现在忙着去早朝呢,你不要在这里多言了。"然后匆匆忙忙地走了。

待到下朝,皇帝打听皇后在哪里,追到了坤宁宫,发现皇后端坐在宝座上,懿嫔则俯首跪于殿中,皇后唧唧歪歪历数罪状,最后还给了懿嫔杖刑。

皇后根据祖宗家法惩罚了"勾引皇帝"的懿嫔,于情于理都是能够搬到台面上来说的正常事件。谁承想这就在懿嫔那小小的心中埋下了仇恨的种子。多少年后,慈安太后是怎么死的我就不在这里多说了。

当然,作为皇后,端的是母仪天下的谱,掌的是统领六宫的权,自然不能完全把眼光放在皇帝和哪个女人过夜,皇帝又宠爱哪个女人这种争风吃醋的事情上去。在这方面,你更需要操心的是皇家开枝散叶的事情。由此看起来,做皇后其实也不容易,虽然地位很高,独享殊荣,但是要和这么多女子分享自己的老公,而且还得显出大度的样子,操心着老公今天该去跟谁过夜,那谁才会受孕概率高一些,还有哪些年轻适合生育的女子未得到老公的宠幸,有哪些姐妹久未见老公,该适当联络一下感情……

把自己的男人往别的女人怀里推,这样的涵养和心态不是每个女人都能练就的。事实证明,皇后难当。

除了操刀主持计生委的工作之外,皇后还得负责警察系统的工作。

第六章 人际关系要拎清

小到哪位嫔妃宫里丢了点值钱宝贝，大到哪个宫里死了个人，这些事情皇后都得亲自过问，毕竟发生在后宫——你的地盘上，你不管，谁管？

皇后也得当仁不让地挑起纪律委员会这个大旗，要是哪个嫔妃做错了事情，皇后就得把她叫到面前来训斥一番。要是大家都在做错事，本着"法不责众"的原则，皇后就得换个策略，在清晨请安之后，留众姐妹坐坐，语重心长并且含沙射影一语双关地讲一些道理，最终要说明的问题就是，"你们哪，别蹦跶，最好都规规矩矩的，那样姐姐我还能容你们群芳斗艳。你们要是闹得过界了，就不要怪我容不下你们了。"

说了那么半天皇后，似乎没有皇太后什么事情。难道老太太就舒舒服服地在慈宁宫颐养天年了？

太平年间，这样也是应该的。反正宫里面的事情都有儿媳妇在操心，皇太后把这在位的皇帝拉扯大了，于大清朝已经是头功一件，就不用再去担心那么多琐事了。而朝政上的事情呢，原本后宫就不得干政，过问那些干吗？

当然，不管，不代表没权力管。皇太后可以颁布懿旨，按排名，这就是权威性仅次于圣旨的旨意了，如果皇太后真心想要决定什么事情，白纸黑字写下来宣读，那也是没有人敢不从的。你看那《甄嬛传》中，皇太后临死前留下密旨，"叶赫那拉氏永不废后"，这皇帝也是不得不听，再恨得牙痒痒，也废不了那个皇后。虽然这情节出自虚构，但其中的礼法却是有据可循的。

要是换在特殊时期，这皇太后与皇后通常就要一起上了，她们可以干涉甚至主持朝政。比如皇帝要是突然驾崩了，生前又没有留下什么关于皇位的遗言，这皇太后就有权力代表儿子选定一个皇位继承人，执掌着废立之权。不过越大的权力意味着越大的危险，在男权社会，一个女人毕竟是无法总揽大局的，即便有这个权力，也可能只是镜中花水中月。

不信咱再看看努尔哈赤的大妃阿巴亥。照理说，努尔哈赤死了，而且留下传位给多尔衮的遗言了，这阿巴亥只要把大家召集起来，宣布大汗遗言就行，这比自己选定一个人来继承汗位还更简单。结果怎么样呢？阿巴亥非但没能让自己的儿子光明正大继承汗位，还生生被逼殉葬，连句话都没跟亲生儿子们交代就撒手人寰了，可谓大清开国以来的第一桩惨烈的宫斗事件。

要说这阿巴亥也真是凄惨，侍奉努尔哈赤几十年，还为其生了三个儿子，临了马上可以享受皇太后的待遇了，却斗不过那些野心勃勃的继子，成为政治的牺牲品，真让人感慨万千。

不过有失败的事例，自然也会有成功的事例。皇太极继承汗位后娶了个女子叫博尔济吉特·布木布泰，后封为庄妃，也就是历史上著名的孝庄太后。这位老太太能耐就大了去了。

虽然孝庄没有做过皇太极的皇后，不过随着她的儿子福临继承王位，她也就母凭子贵地跃居太后之尊了。可是福临当皇帝的时候才六岁，孤儿寡母手中无权无势，孝庄只能屈辱地追随着多尔衮，为的就是保住儿子的安全。

不过正是在这种委曲求全的日子中，孝庄把自己磨炼成了一个政治

第六章 人际关系要拎清

女强人，智慧过人，手眼通天，任多么老奸巨猾的大臣都得给她三分薄面。这不，顺治皇帝一死，她所能行使的权力就完全体现出来了。升级为太皇太后的她照顾着年仅八岁的康熙皇帝，和顾命大臣们多方斡旋，虽从不在朝堂上露面，但外面发生的事情没有一样能逃过她的眼睛，虽然上了点年纪，但眼明心亮，最终辅佐出了一代明君。

很显然，孝庄既有了说了算的权力，也有了掌控这一权力的能耐，在紫禁城中生活了几十年，她大概是最不无聊的女人了，因为她的内心情感早已超越了男欢女爱，上升到国家的高度了。

和孝庄太后一样成功行使皇太后至高无上权力的还有慈禧太后，这位老太太更甚，儿子不中用了，直接把侄儿子抓过来当皇帝，反正我不管坐在那个龙椅上的是谁，这个天下终归得是我说了算，正所谓"顺我者昌，逆我者亡"，不容商量！

第七章　宫斗是个力气活

鲁迅先生曾经说过："中国的历史，就是一部吃人的历史。"我认为把这句话放在宫斗上尤其合适，从古至今，历朝历代，哪里有皇帝，哪里就有斗争。归根结底，还是这个权力和荣耀的问题。在后宫混得越好，地位越高，就意味着你走到哪里就越受到人的尊重，或者说畏惧，也意味着你能享受别人享受不到的东西。

打个比方吧，外地进献些稀世珍宝，人人都想要，但数量又很少，这时候会发生什么情况？想都不用想，最得宠者，得之；地位尊贵者，得之。其他人也只有望洋兴叹的份。这还不算，还得忍受得之者在你面前明目张胆地炫耀。这种感觉想来都不美妙。与其看着别人炫耀，不如自己去炫耀，在这个弱肉强食的世界里，走自己的路，让别人无路可走才是后宫最强悍者！

第七章 宫斗是个力气活

出得了厅堂，入得了厨房，打得过流氓，斗得过小三 | 全能也危险

宫斗从来都是个费脑伤体力的活儿。整天得费尽心思审时度势，想方设法应对各路伸出来的阴招、损招，一个不小心连杀人埋尸这种力气活都得自己干。嘿，还真的别觉得惊讶。这清朝紫禁城里，尤其是在这后宫里，哪年不是要凭空消失那么几个女人？奴才信不过，就得自己动手呗，难道处处留证据等"警察叔叔"来抓啊？哦，忘记，这是在清朝，应该说"官府"，而不是警察叔叔！所以，从安全考虑，有些事情还是得亲力亲为，自然是费神劳心伤体力了。

还别说，别提什么不屑的，这要参与宫斗还真得有一定等级，不是个什么阿猫阿狗就能参加的。你想跟别人斗，有时候别人还真不屑跟你斗，轻轻一个手指头都能把你给整死。所以说，宫斗前，请先核对下自己的身份。

通常，在清朝的宫中群斗，即宫斗，有资格参赛的是贵人以上级别的，其中以皇后、贵妃此等级别的人居多。当然，这只是惯例，也有些受宠还没正名的秀女、贵人以下级别的参与其中，而她们最显著的特点就是受到皇帝的恩宠。你不受宠，别人还真没那个闲心思找你斗，毕竟这是个体力活。

在这里，有必要提醒这些还没正名的女人，宫斗有危险，入场须谨慎。这在后宫里吧，凭空消失个贵妃、皇贵妃什么的，皇帝自然会重视，皇后、太后也不会放过这件事情。可是，如果后宫消失个没什么身份、只不过陪皇帝有过露水姻缘的女人，那么大家是不会太在意的。所以，受到恩宠，还没正名，身份还没有质的飞跃前，低调是生存的不二法则。

如果你有幸已经达到国家级别的水平，那么请参照一下宫斗准则进行保"位"战！这无论要参加任何级别的宫斗，都得伺候好一个主子。皇后？太上皇后？No，是皇帝。他就是你的后台，没有后台的人永远只是陪衬。所以，要把皇帝给伺候好，成为皇帝眼前的红人。那么如何成为红人呢？"出得厅堂，入得厨房"是对女人亘古不变的要求。

如何出得厅堂呢？出得厅堂是指女子的社交技巧，要在众多社交群体里斡旋，而不是别人谈什么，你都一头雾水，只会哈哈大笑失去了风范。所以，成为皇帝受宠红人，除了拥有美丽的外表之外，服饰要得体，谈资要有风范，要有皇帝带得出手的范儿。

当然，谈资这东西都不是一蹴而就，如果你还来不及博览全书，那么先走下捷径吧。这捷径就是什么身份的人穿什么样的服饰、佩戴什么样的发饰，千万不能混乱，否则皇帝带你出去，被别人看到就容易成为把柄，到时候处你个罪，皇帝也不好说什么。

至于服饰穿着禁忌，详情请参照之前的章节。那再谈谈社交礼仪，无论跟皇帝去跟皇后见面，还是见朝中的大臣，都要记得把自己摆放在一个

第七章 宫斗是个力气活

合理的位置，以标准的请安方式向对方请安。谈话过程中，如果皇帝有问你意见，你只需笑笑，以袖子遮口，谦虚地回答："朝中大事，臣妾不懂。"

记住，无论皇帝如何赦免你的罪行，你都不要参与朝政的议论。当个"哑巴"尚且能活，说错个话就死无葬身之地了。如果你有早已饱读诗经，博览群书，在这里也劝你当个"哑巴"。有时候，微笑、学会倾听、不卑不亢和不参议朝政的女人才是最出得厅堂、上档次、大气的女人。

那么再说下，入得厨房。纵观大清后宫，真正会下厨的贵人以上级别的女人还真的没有。说是入得厨房，也不过是亲自监督厨房的下人弄点什么糖水之类的。关于这点，皇帝也很清楚，上得档次，享得了奢华的女人从来都没必要去沾那点油烟气。所以，如果你不是真的会下厨的人，千万不要拿满汉全席忽悠皇帝。你只需要发嗲地说："皇上，臣妾见你连日来为国家政务操心劳神，特地让御膳房做了一碗清火的莲子汤。"此处，"莲子汤"可换为多款糖水名称，"让御膳房做"也可以自行更换为"亲自监督"或者"亲自烹饪"。当然，这点毫无技术含量的糖水烹饪，相信皇帝不会跟你较真。

好了，以上说好笼络皇帝的招，下面就要说宫斗的升级秘笈：打得过流氓，斗得过小三。因为一只蟑螂，一条小虫就尖叫的女人，绝对不适合生活在清朝后宫。因为这里卧虎藏龙，个个都是狠角色。前文说了，发生了点意外，分分钟还要自己毁尸灭迹，所以一定要有"打得过流氓"的女汉子气质才能在宫斗中生存。不过，打得过流氓，要狠，意思是面对敌人心要狠,必要时动动手,就是不让对方觉得咱们是软柿子,想捏就捏。但是,千万不要把"女汉子"的一面给皇帝看,这个很危险。

而斗小三呢?千古流传至今,这是每个女人必经之路,尤其是清朝后宫的女人。皇帝对美女都有个保鲜期,保鲜期过了就会出现新的女人,所以,想成就霸业,你会有一堆的小三要去斗。如何斗小三呢?

在清朝,斗小三的招数来来去去无非都是几个路数。陷害,整点什么宫中禁忌,尤其是皇帝最讨厌的事情,比如弄个诅咒娃娃,下个蛊之类的,将这些道具神不知鬼不觉地放在皇帝最宠爱的女人宫里,然后适时找来一大帮人,包括皇后、太皇太后这些有地位的人,然后进行"抄家",找出道具,陷害成功!

陷害加装可怜也是宫斗常见的路数。没有一个男人喜欢邪恶歹毒的女人。所以,掐个时间,皇帝出现的时候,激怒他最宠爱的女人,让她动手打你,这一幕自然要让皇帝看到,接着自然是梨花带雨地哭啦。哭完之后,一定要大度地为对方求情,这样你就无限抬高了自己,同时踩低了对方。

最后也是最狠的一招。此招较为歹毒,但是同样在清朝后宫不乏所闻。母凭子贵是后宫的生存法则。皇帝会老,但是后宫的年轻女人往往还有大把时光要度过,所以就得靠自己的儿子了。自己有儿子,还不够保险,还需要别人没有儿子。所以,偷偷下堕胎药也是宫斗的升级版损招。

第七章 宫斗是个力气活

如果你天资聪颖，以上各招都能融会贯通，避开损招，用好高明招，成为出得厅堂，入得厨房，打得了流氓，斗得过小三的女人，那么，我要告诉你，你已经离危险不远了。因为全能的光芒已经让你成为出头的鸟儿，等待你的往往是致命的子弹。当然，如果你能低调点，表现得无欲无求，适时远离下皇帝，跟姐妹联络下感情，膝下又有争气的儿子，那么稍微注意点食物和多点智慧，还是能熬到出头之日的。

最后，总结一句，在清朝宫斗路上，赠你一句良言，以此共勉——"路漫漫其修远兮，吾将上下而求索"。

让你跟我抢，你会死得很难看 | 后宫"谋杀"大全

在清朝后宫，每个女人都居安思危，心眼动得快，行动上却要再三思量，为什么？其实不为什么，因为保住小命要紧。在这后宫里，太蠢会死，太聪明也会死，太受宠也会死，不受宠的说错句话，得罪个人也会死。

总之，在咱大清的后宫里，最不缺的就是女人，最廉价的也是女人。有人显贵不可一世，有人丢掉小命就跟一根羽毛被风吹走一样简单。那么，如何在如此危险的后宫里保住小命呢？大家都知道，留得青山在，才有命可以参与宫斗，所以聪明的你不妨先瞧一瞧后宫的谋杀大全。

结果都是一样的，就是下地狱，但是过程却不尽相同。自尽可以

说是清朝后宫女人最常见的结束小命的途径。在电视剧里，我们经常可以看到两个画面，一个女人领着一条白绫扔到房梁上，打结，上吊，游戏结束；或者，你还会看到什么太皇太后、皇后之类御赐毒酒，"咕嘟咕嘟"喝下，小命呜呼。是的，也许你会说，这算哪门子的谋杀啊！没错，看官不是清朝的女人，走眼了吧！在清朝后宫，这御赐的白绫和毒酒都有可能是假的。御赐这些杀人道具，有时候真的是皇后赐的，但不是皇上的意思；有时候是他人假借皇后之名送来的。所以，早早地上吊，或傻傻地把毒药喝下，小命呜呼，到阎王那里都会被嘲笑。甚至，等到你被宫斗清出局，结束了性命后，那些歹毒的人还会给你留下一封自尽遗书，或者偷情的情书。总之，他们会让你的自尽看起来非常合理。

那么如何应对这样的谋杀呢？首先，要镇定，一定要扮演出难受和顺从的模样，太镇定也不好，会让送来道具的人产生疑惑；其次，迅速派遣两个以上的密使，兵分多路进行救援。一路人马去找皇上问个究竟，究竟是不是他老人家的意思，如果是，对不起，君要臣死，臣不得不死；如果不是，自然赶紧告诉他老人家有人要谋杀你。即便他最后救不了你，起码也不会死个不明不白。再派一路人马去找你的后台和利益关联人。找人给你后台通风报信，自然是希望后台能出手救你！而找你的利益关联人是给他施压，意思是你死了，他也不会好过！以上是方法，能否留住小命就要看造化了。

除了用假自尽的方法来消灭对手，跟赐毒酒技术含量不相上下的谋杀方法就要数投毒了。在清朝的后宫里，为了消灭对手，收买对手身边

第七章 宫斗是个力气活

的小丫鬟，往对手碗里投毒或者下慢性毒药的事情不在少数，甚至还有人将毒药抹在盆栽、玉器上当礼物送给对手。如果你警戒心不够，那么就会死于非命。

当然，此类阴招，还是有破解的方法：方法一，时刻准备银针，永远不要相信自己以外的人，当饭菜全部摆上桌后，可以让婢女先行退下，自己独个用银针试毒。此方法尤其要用在自己的汤药上面；方法二，不贪小便宜，甭管是谁送来的礼物，都让它有多远滚多远，千万不要反复拿在手里把玩，当然感激之情还是要口头表达的。如果有人将糕点当作礼物送给你，你尽可能拿身体抱恙当借口拒吃，实在推辞不了，就请对方一同享用，看对方在哪里下手就吃哪边的食物，当然不宜多吃。

除了要小心面对造假的谋杀道具之外，有水的地方也要少去。这清朝后花园的池子里都不知道要了多少宫女、主子的小命。看似风和日丽，心情大好地赏花，殊不知一个冷不防就被人推下水，下水后，你还可以隐约听到那个谋杀你的人焦急的叫声——"救命啊"。看吧，这世道多险恶啊！所以，如果不会游泳的，最好远离池子。即便必须经过池子、湖泊之类的，一定要多安插几个亲信在身边，以防万一。

千万不要觉得此举是多余，想要留住小命，请保镖的钱自然不能省。从古到今，哪个皇后身边的太监不是会翻墙入室、飞檐走壁的！瞧瞧，皇后的觉悟多高，一方面留几个武林高手当保安用，毕竟人在高处走，哪能不挨枪，安全问题必须要谨慎啊；另一方面，留几个高手自然可以当杀手使！皇后尚且如此，你怎么能不多找几个保镖呢？说不定某个月黑风高的夜晚，就有黑衣人拿着刀闯进你的香闺，这时没有安保人员，自然是小命呜呼！要知道在清朝后宫，不但有妃子被黑衣人谋杀，还有人被活活给打死，你还敢省保镖钱吗？

再说说"打死"。此等技术含量极低的谋杀方法，很多人可能不以为意，觉得光天化日之下，应该没有人会用此等白痴的方法来谋杀皇帝宠爱的人吧。不，如果你也这样觉得，那么你就真的很傻很天真。要知道，"打人"也可以做得冠冕堂皇。

在清朝后宫，只要哪个妃子犯下违背后宫禁忌，掌管后宫的皇后是有权根据律法进行杖责的。于是，你常常会看到同样是清朝背景下的古装剧《还珠格格》里的经典台词——"拉下去杖打三十大板"。没错，一个格格都尚且会被人打屁股，何况是妃子呢？要知道弱不禁风的妃子遭遇这三十大板可不是好受的罪行，更何况这些打手都被人"嘱咐"过要进行特别照顾，所以，也有皇上宠爱过的宫女"不小心"在合理的杖责下丢掉小命，据说打人的大板还可以以抹上毒药的方法让对方丢掉小命。要化解这个技术含量低的谋杀方法就只能自求多福，少得罪人，多按照本子做事，言行举止规规矩矩，兴许能平安度过流年。

最后，再说说一种高端大气上档次的谋杀方法——"恶死"。在这里，"恶"是非正常的意思，意指被气死、气绝身亡。此等高技术含量的方法自然不是每个人都能修炼出来，也不是一蹴而就。通常情况下，后宫女人的身体条件都差不多，你若是看到哪个弱不禁风，经常呕吐鲜血，时不时就闹昏倒，那多数是被人给气出来的。长期压抑加宫斗不得

第七章 宫斗是个力气活

志，于是产生了古代版的后宫综合抑郁症。如果继续在宫斗这条路上屡受打击，那么最后就会口吐鲜血，气绝身亡。

在道光帝还没有确定储君，一路纠结，每天吃不好，睡不好，担心这个，担心那个的时候，皇宫里发生了一件事情，史载："孝全皇后由皇贵摄六宫事，旋正中宫，数年暴崩，事多隐秘。其时孝和太后尚在，家法森严，宣宗（道光）亦不敢违命也。"

这事情怎么讲呢？就是道光皇帝的原配夫人孝全皇后为了让自己的儿子顺利成为储君，妄图毒死其他的皇子。这件事情被皇太后知道了，皇太后非常生气，准备下懿旨处死皇后，可这皇后不想死啊，于是皇太后就命宫女天天到皇后门前哭泣，硬是逼着皇后自尽了。不得不感慨，这真是后宫谋杀的最高境界，既做得光明正大，不用偷偷摸摸，又达到了目的。

此等谋杀方法若想化解，要做到无欲无求，不争不抢的心修境界，也就是放宽心！良好的心态不仅可以让后宫女人保持年轻、延年益寿，还能防止自己被对手给活活气死。所以说，漫漫宫斗路，心态好是关键。

兄弟是用来出卖的，姐妹是用来背叛的 | 情谊的真诚度

偌大的后宫，究竟有没有真正的友谊？如果你已经生活在那里，那么我还是劝你放弃所谓的幻想，因为那里所有女人都只有两种目的：第

一，活下来，得到皇帝的恩宠；第二，太可怕了，争取出宫。鲜少有人迷恋那里伙食好，想在那边平凡终老的。

想出宫的，咱们不提，那么就只剩下一种女人——想得到皇上的宠幸。这是非常典型的一夫多妻制。你想你能跟自己丈夫喜欢的女人成为好朋友吗？马伊琍和姚笛能成为好朋友吗？不，这不可能，绝对不可能！也许，你会觉得我夸大其词，那么我们不妨来鉴赏下清朝后宫女人的几种友情模式。

第一种启动友情模式——相识于贫贱时。一起参加后宫选秀，这个时候，大家的身份背景相差不会太悬殊，偶尔个别例子忽略不计！第一次离开家门，就跟第一次离开家长温暖的怀抱去上大学一样，总是会感到孤独和不安。所以，"室友"或参加选秀被分配到一起的"战友"就很容易建立起友情，图的是彼此有个照应。

那么这样的友情模式会何去何从呢？答案是起于贫贱时，止于富贵时。同样两个选秀的好姐妹，如果两人能一起被选上，自然是乐事一件。如果不能，两者身份背景的悬殊就会造就两人的矛盾。贫贱者不敢妄想去找富贵者，富贵者则以为贫贱者忘记友情，如若来找又觉得对方有攀富贵的嫌疑。富贵者对贫贱者伸出援手也未必会是件美事。贫贱者的自尊心会受挫，会误会富贵者在同情自己。如贫贱者借助富贵者得以获得皇上的恩宠，于是两人之间又会暗暗比较恩宠程度。总之，怎么做都不对劲。像此等友情，最好在什么时候开始，在什么时候结束，以免日后给自己添加不必要的麻烦。当然，说那么多其实也不用这么麻烦，

第七章　宫斗是个力气活

如果你是那个被选上的，而你的"好姐妹"落选了，那你们估计再也没什么机会见面了，交不交往的，那都是空谈啦。

第二种启动友情的模式是弃妇大联盟。此友谊的坚固指数往往比较高，启动的女人都是曾经受宠又被皇帝遗弃的可怜人。这类型的女人如果不团结在一起，不互相鼓励，好好过日子，还能干吗呢？当然，如这当中有人从"弃妇"又转为"新妇"，那么友谊格局又会重新洗牌。

第三种启动友谊的模式则会相对高级点，是志同道合大联盟。此类友谊往往建立在对某件事物上的共同认知，譬如同样不喜欢宫斗，或者同样喜欢弹琴之类。这类型的女人们有事没事会坐在一起，共同商讨兴趣爱好，还会一起赏赏花之类的。但是，这种看似坚固的友情，何去何从还得看女人们如何经营。

举个简单的例子，志同道合的小姐妹，两人恰巧穿了同件裙子，识趣的人就会割断裙子说："我穿得没有姐姐好看，再穿就要丢人现眼了。"如能如此聪明伶俐，那么经营的友情自然能天长地久。如果愚蠢到互相点评，那么友谊只有死路一条。如果当中还有人不识相提起皇帝如何对待自己，送给自己什么礼物，私下掀起攀比风，那么离友谊破碎之日就不远了。

第四种启动友谊的模式有点危险，是利益同盟会。以彼此共同的利益作为牵制，在某种特定情况下，两人会相安无事地将友谊进行到底，毕竟彼此手上握着对方的命根呢！但是，如果两人能互相牵制的底牌被换洗，造成两人的势力不均，那么你死我活是必然的结局。

说罢了友情,我们应该来说说亲情。在咱大清后宫,一家之中出来的女人嫁给同一个男人那是常见的事情,原本皇家的婚姻就多为近亲结婚嘛。虽然在选秀的环节规定,姑侄或姐妹不能同时参选,但要是错开的话,也就没有什么更详细的规定了。

为什么非得把这个亲情拿出来说呢?因为不想让你抱有任何幻想,不要觉得是姐妹彼此之间有个照应,在家同父,出来同夫,没什么。可是在男人夹杂着权力再夹杂着后代的权力如此混乱的局面下,亲姐妹也会成仇人的。

比如孝庄太后,她的母家名字叫作博尔济吉特·布木布泰,她和姑姑一同嫁给皇太极,姑侄俩的关系不错,也确实做到了共同支撑这个男人的事业,但当她的亲姐姐海兰珠入宫之后,局面就不那么乐观了。

《清史稿》记载:"妃有宠于太宗,生子,为大赦。"皇太极实在太喜欢这个女人了,因为她不但长得漂亮,而且温柔如水,看上去非常羸弱,让男人生出无限的保护欲。在这一点上,显然她的姑姑和妹妹都输了,因为那两个女人只想着用自己的真心和努力扶持皇太极的地位,却忽略了自己所需要扮演的角色——作为一个后宫女人,能让自己的男人持续地想去呵护与疼爱,那就是保命的最大妙招。可是,得到了男人的宠爱,她就几乎不再可能得到姐妹的支持了,哪怕是亲姐妹。

海兰珠和庄妃(博尔济吉特·布木布泰)的关系并不好,虽然她表面上也想努力协调好姐妹之间的关系,比如在她病病歪歪,皇太极抱着她不肯撒手的时候,她会努力挣扎着,盈盈带泪地劝说皇太极多去看望一下她的妹妹……（这到底是什么逻辑）当然皇太极肯定不会去，但内心深处更肯定了这个女人无可替代的地位。

可惜，"常在河边站哪有不湿鞋"，这装病装久了，也就发展成了真病，自从不到两岁的儿子死了之后，她郁郁寡欢，不久之后就告别了人世。母凭子贵也好，子凭母贵也罢，全都成了折子戏。关键是，她这一死，亲妹妹庄妃也没为她掉过半滴眼泪，真真是没多少感情。

说了这么多，无非是想说，在后宫这个特殊的大环境里，姐妹是用来背叛的，丈夫是不能用来共享的！友谊的真诚度薄如墙纸，一捅就破！

站错队伍是要倒霉的 | 眼明心亮嘴巴紧

后宫是个大班级，如果说没有派别，你也不信是吧？我们知道在后宫，宫斗是永恒的主题。那么有宫斗，自然就会有派别。如果你能自成一派，那么恭喜你，说明你够资格，地位也不差，自然会有一大帮小喽啰想跟着你。倘若你的派别规模够大，能自成体系，那么你也不必去思考加入哪个大派别的门下，因为你的目的就为自己而战，就跟经营公司一样，你就是要为这个团队打拼，就是要实现自己最大化的利益。

而如果你不幸，还不够资格跟后宫最大的主人——皇后抗衡，你只是个体或者小派别的话，那么最好找棵大树去靠着，毕竟大树底下好乘凉。

那么如何寻找大树呢？要知道站错队伍可是要倒霉的。你的方队的头儿如果在宫斗中不幸被打压下去，你的日子自然不会好过。自古被斗败的主人的狗腿，很少能成功转型的，所以选择正确的队伍很重要。

下面，我们先来看看清朝后宫一般会有什么派别。皇后派，皇后掌管后宫，是后宫最大的权力人，自然也是后宫第一大派别，就跟武林中的少林寺、武当派那样，是上得了厅堂的大派别！不过，很不幸，自古以来，多数皇后有权力，没人！

"没人"自然是指得不到皇帝的人。毕竟，一手要权力，一手要老公，两手都要抓，两手都要硬，这样成功的女人还是少数。倘若皇后有权又有人，那么她也不必辛辛苦苦去经营什么派别，因为她就是老大啊！你看董鄂妃被称为清朝史上最受宠的皇后，顺治喜欢她喜欢得要命，可她也是死后才得到皇后的称号，且没有资格与皇帝合葬，在那个世界估计都找不到彼此了。

所以说，集权力和万千宠爱于一身的女人还是少数。那么，皇后就要自立门派（毕竟盯上这个位置的人可不在少数）。如果单独格斗，她会累死，故此必须依靠门派势力来镇压这些虎视眈眈的女人。

既然我说了皇后的门派是第一大派，那么我们是不是要参与其中，这毕竟是政府机构啊！不，古今中外的事例一再告诉我们，下马的皇后不在少数，像顺治就废掉一个皇后，还心心念念想废第二个；再比如乾隆，第二位皇后人家当得好好的，可就因为一句话不对付，立马被废，形同入了冷宫，而据说这不对付的理由简单得要命，就是皇后劝阻皇

第七章　宫斗是个力气活

上，让其不要在南巡的路上到处留情罢了，说穿了是小女人要耍性子，嫉妒一下吃点醋，谁知道竟会招来灭顶之灾呢？所以，皇后的派别未必是最好的派别。

除了皇后派，其他女人就会组成两大派系，当然这些大派系又会根据各自的势力细分成小派系。在这里，我们先说两大派系。这两个派系是根据目的而区分的，第一派系是与夺嫡有关，第二个派系是纯宫斗。怎么说呢？夺嫡就是皇帝已经有指定的继承人，可是生了儿子当妈的人不甘心，总是处处想方设法要跟皇后斗，企图把太子给拉下马，让自个的儿子当上太子。这样一来，皇帝归天的时候，自己可就是后宫最大的女人——皇帝的老妈了！所以，很少有人能在皇后派系和第二派系中游刃有余，毕竟他们的矛盾是对立的！

除了第二派系，那么第三派系的纯宫斗就会显得单纯很多，此类女人多数没有儿子，甚至可能还没有生育，她们争夺的目只是皇上的恩宠。此派系跟那些看开的皇后倒是没有巨大的矛盾关系。但是，如果你所处的派系的主子太嚣张，仗着皇上的恩宠就不把皇后当回事，那么皇后自然还是会收拾她的。

好了，认清派系，我们就选择一个方队站进去吧！如果你把事情想得如此简单，那么你还是不要穿越到清朝为妙，因为你有多天真就会死得多难看。每个人的派系，除了派系领导人之外，没有人的身份会被固定。即便你已经选择了第三派系，你还是有可能被皇后私下约见，请你演无间道。这个时候，你答应就等于更换派系了。怎么样？要如何抉择呢？

这就必须做到眼明心亮嘴巴紧！

眼明，你必须认清局势，当前谁有权力，谁的发展前景最好，谁最可能成为宫斗最终的成功者。当然，就像赌马一样，你除了分析当前的局势，对手的情况，你还得思考这派系主子的能力。胸大、无脑、短暂有权的人坚决不考虑。此类不聪明的人最终会被后浪拍死在宫斗的沙滩上。因为胸大、无脑受宠的女人都有个致命的特点：过于招摇！她们只想到目前受到恩宠，所以不可一世，任谁都没有放在眼里，忘记了花无百日红的道理，自然下马之日，就是整个派别覆灭之时。所以，认清这类主子，远离她，选择低调，有智慧，受宠，腹黑的主子，最好在朝中还有个势力，官二代就更好了。

心要擦亮！跟了主子，就要把心给擦亮。一方面，要不时把心掏出来给主子瞧瞧，让她看看你究竟为她干了些什么事情，为她打探到什么；另一方面，要完全掌握主子的心思。有些主子因为要营造外交形象，常常口不对心。如果她很想去参加皇帝的某个盛宴，却在旁人面前说自己不够资格，不敢奢望参加之类，你信以为真，不积极为她谋划，那么你就死定了。这么蠢的人，哪个主子要留在身边啊，难道用来气死自己吗？

做到了以上两点，穿越去清朝的人还要注意，嘴巴要特别紧。对于主子的秘密，千万不能随口告诉任何人，就是你老妈也不行。因为只要透露出去，你就只能提头来见。聪明的你，如果不想选择派系，依然适用"眼明心亮嘴巴紧"的教条！掌握这三点，适度把无欲无求给表现出

第七章　宫斗是个力气活

来，大家知道你不是来分一杯羹的，兴许会放过你哦！

皇帝光宠你了，你这不是找抽吗 | 专房之宠

身为一个女子，当然希望自己的男人对自己至死不渝且专一，即便做不到唯一，但也要做到最爱。想想，在你活过的这些年月里，在你懂得男人女人之间的情情爱爱后，是不是就期待这样的爱情呢？

照理说，希望男人执着专一也是正常，不过男人天生为"下半身动物"，何况是在各种权益利益交叠的后宫之中呢。因此，你既然已经身在紫禁城，就别指望什么圆满的爱情了，先活下来才是正事。

当然，也不排除你花容月貌善解人意，出得厅堂入得厨房，能扮演皇帝的手中爱、解语花……（别忘了前面说过，全能也危险）皇帝就是喜欢你，就是愿意和你待在一起，就是冷落了其他人。别得意！因为此时的你已经身陷险境了！

可惜很少有女子看得清楚这一点，大部分人在得到专宠的时候，都很容易恃宠而骄，觉得皇帝这阵子喜欢你，似乎就会一辈子喜欢你，你要什么就给你什么，你想让谁死就让谁死……赶紧醒醒吧。姑且不说这男儿薄情是天性，你即便专宠也未必能享受终身。就算你真的遇上了一个诸如顺治一样的痴情皇帝，可是又有什么好处呢？你没有朋友，所有女人都讨厌你，大家群起而攻之，连皇太后也责怪你蛊惑圣心。你委

屈，你伤心，你在爱人肩头痛哭了一夜又一夜，妄图用女子的柔弱换来老公一生的疼爱，可惜你真的搞错了，目前最重要的，不是搞定这个男人，而是搞定这个男人身后的一大堆女人！

不过，身为有着一半汉人血统的董鄂妃还是知道自己在宫中的尴尬地位的，如若不是当初和顺治一见倾心，估计她也不愿来到这后宫瞎掺和。当然这事儿也由不得她，光看顺治这五迷三道，不惜放下自己皇家的尊严，厚颜无耻地把弟弟的心头爱抢过来的行为就知道了，你董鄂妃爱不爱皇帝，都是得进入这深宫大院蹉跎一生了。

幸好董鄂妃自小读得诗书，也颇懂几分道理，越是得宠，越是要收敛锋芒。于是她很快就打出了一个明显的标签：不争宠。为了让众人相信她不争宠，放低对她的戒心，她时常把皇帝晾在宫内，自己跑去给皇太后、皇后请安。别人欺负了她，她也忍辱负重，以德报怨，跟其他后妃和平相处。在皇太后、皇后、妃子们生病时，董鄂妃也悉心照料，甘愿当下人。

能把自己放到这样低的位置，确实不是普通人所能做到的。她这样辛勤耕耘和付出，顺治就越发喜欢她，说是喜欢她的品行，好几次要立她为皇后都被她婉拒了。所以，识大体的董鄂妃很难成为皇后的眼中钉。此外，董鄂妃由于德行俱佳，在大臣们眼里也是后宫不可多得的贤妃，有人甚至作文论董鄂妃为顺治皇帝全力处理政事创造了良好的后宫条件，以此来高度赞扬董鄂妃的品行。

享受专房之宠又不为自己树敌的董鄂妃成功地成了顺治皇帝心中的

第七章 宫斗是个力气活

最爱。顺治皇帝在死之前，还特地检讨自己，说自己由于过度溺爱董鄂妃，导致自己在董鄂妃的丧礼上大失礼节，过度铺张浪费，还因为董鄂妃的去世造成自己悲伤过度，荒废政事，使朝野动荡。由此可见，董鄂妃在顺治皇帝的心目中地位有多重要。

不过要当董鄂妃这样的女人自然也不容易。由于董鄂妃处处标榜自己的好人形象，哪个人病倒都要冲到第一线，染上病菌不说，长期下来身体不堪重负，健康情况日益下降，最终因病撒手人寰，结束了美丽的专宠一生。

董鄂妃敌不过命运，死的时候才二十出头，真真是可惜了。不过她的死，除了顺治皇帝一人伤心难过之外，宫里宫外的人似乎都有些高兴。为什么呢？因为皇帝在她身上花费了太多的心思，甚至产生了不当皇帝，要和董鄂妃去做闲云野鹤的想法，这在众人看来，那是多么危险的举动啊！

其实，董鄂妃在世的时候，顺治皇帝的日子也不好过。为什么呢？这个事情就要追溯到明朝确立的"言官制度"了。明太祖朱元璋效仿元朝制度建立了都察院，养了一批认死理又喜欢说话、敢于说话的"道学先生"，是为"言官"。这些言官主要工作就是充当皇帝的耳目，弹劾一切他们看不顺眼的事情。当然，这种弹劾必须有理有据，不能够瞎编乱造，否则很可能遭到杀身之祸。

到了清朝，承袭明制，言官就依然存在着。这些敢于说话的书呆子连皇帝的面子都不给，要是看到皇帝做错了什么，也是要直言进谏的。顺治皇帝这种沉溺女色的行为，在朝臣眼中实属误国误天下，当然有人会冒死来劝诫皇帝。

顺治皇帝并非昏庸的人,也不会因为哪个大臣说了不中听的话就要将其置之死地,因此他只能忍受着耳根子的折磨。想想他那时候的日子也不好过,言官们一天一份奏折地递着,引经据典地说着不要专宠后妃的话。看皇帝没有回应,便有大臣朝上说,朝下说,絮絮叨叨让顺治不得好过。当然,这说的人还不止大臣们。回到后宫,皇太后语重心长地规劝,皇后和其他嫔妃们也会任性地甩脸子,说着些指桑骂槐的话,要么就凄风苦雨地抱怨,说皇帝都忘了自己。

真正能让他舒服的,还是只有董鄂妃,不解释,不抱怨,温婉如水地分担着皇帝所承受的压力。因此,旁的人越是施压,皇帝就越是喜欢腻在这位可心人的身边。

对于这种专房之宠,前面也说过,皇后是有权力过问的,这是她母仪天下的责任。除了皇后之外,大臣们也是可以过问的。如果皇帝因为沉溺女色而耽误朝政,大臣们也有责任进行规劝,特别是那些有着先皇遗命的顾命大臣。

当然,说不说是旁人的事情,听不听是皇帝的事情。皇帝听劝还好,做该做的事情,不要把自己的感情暴露得那么明显,那么大家相安无事。倘若皇帝不听,那独得宠爱的你就要遭殃了。你想啊,别人劝皇帝规劝皇帝,那毕竟是一国之君,谁又敢怪罪他呢?矛头不是全部都得集中到你身上来?后宫中人会骂你狐媚惑主,朝臣们会说你蛊惑圣心,建议打入冷宫之类的。而这大臣和后妃往往有联系,比如这个妃子的父

第七章　宫斗是个力气活

亲刚好是上书房或者军机处的大臣。于是，父亲在朝上说着官方的话，暗地里女儿也收到信息，开始张罗着如何栽赃给你，弄你一出罪，让皇帝不得不制裁你，甚至从此讨厌你，大家的日子也就能得到些许安乐了。

因此，面对皇帝的专宠，恃宠而骄是最脑残的做法，这样不但把你放在了出头鸟的位置上，还可能会把灾难带到你的家人身上。你要问我有没有最好的策略？抱歉，我还真说不上来。这种因人而异的事情还得你自己去用心揣摩。不过谨记"枪打出头鸟"的道理，适当的时候，避宠也是必须的。

好在这样的皇帝也不多，甚至少得可怜，大部分皇帝对所谓爱情的保鲜期都是极其有限的，所谓的专房之宠也不过昙花一现。比如说，雍正皇帝还在亲王时期也曾独宠过年羹尧的妹妹年氏。不过，这个热度也只维持了三个月左右而已。

虽说后来雍正对年氏的感情还是一如既往，没有忽略她更没有忘记她，但这也是建立在政治基础上的，而非单纯的感情。说白了，年氏不过是雍正牵制年羹尧的一枚棋子。当然，历史上的年氏为雍正生了四个孩子，也算是独得圣心了，可惜的是这么些孩子中没一个让雍正看上眼做皇位继承人的。

可见，在清朝后宫之中，专宠这种事情不常发生，反而大部分人的心思都是放在如何邀宠上。你要是方法得当且留住圣心的时间足够长，那步步高升不是梦。

第八章 "女汉子"的步步高升

社会压力越来越大,对于女性的要求也越来越高,女人不但要生孩子,还得干着和男人一样的活,挣钱养家不说,还得知书达理维持良好的形象,半边天的时代虽然让女人扬眉吐气了,但细数下来也的确不容易。看看这个标准吧,"上得了厅堂,下得了厨房,杀得了木马,翻得了围墙,开得起好车,买得起好房,斗得过小三,打得过流氓"是为极品"女汉子",有男人能活,没有男人也能活。

可在咱们大清后宫,这些定理却需要有所更改,尽管一个男人让几十个甚至上百个女人分享,的确有很多人可能长期处在"没男人"的状态中,但生活安逸,孤独终老并不是后宫准则。一旦到了这围城之中,就没有所谓的安逸了,你要是不得宠,长期幽居,就必然要受到冷遇,连下人都不把你放在眼里。克扣该有的份例不说,可能连热菜热饭都吃不上。这样还不如在家里做一介平民。

所以，来到后宫，没有谁想过那种冷冰冰的日子，想吃好的，穿好的，路遇行人个个对你毕恭毕敬，你就得有一个稳妥的靠山。且依着这个靠山，从小角色一步步往上走，披荆斩棘，达到高位。因为只有站得更高，才可能拥有更大的权力，也才可能实现自己想要的，同时拥有自保的能力。

我要一步一步往上爬，在最高点和老公举案齐眉 | 后宫女子排序

在清朝后宫里生存的女人通常都只有两种心思：出宫和当皇后！

第一种人希望自己平平安安活到二十五岁，顺顺利利出宫，远离紫禁城这个是非之地。当然，这种想法只存在于宫女中，因为只要被冠上"皇上的女人"之名，无论有没有被皇上宠幸过，终身都不得离开皇宫。这点恐怕很好理解吧！毕竟一人之下，万人之上的皇帝怎能容忍自己戴绿帽子？所以，他宁可要大把女人守空闺都比自己戴绿帽子好！

第二种女人在后宫的女人堆里占绝大多数人，就连普通的宫女都会忍不住幻想自己被皇上宠幸，飞上枝头变凤凰。毕竟，皇后是统领后宫的主人，谁不想成为这个最有权势的人呢？即便成不了皇后，也能当个主子啊，当向你行大礼的人越来越多，皇帝赏赐的东西越来越多，工资

也越来越高的时候,那种满足感不是三言两语能够形容的。

好了,要穿越来清朝的后宫里,我们已经知道最高目标是成为皇后,那么要如何成为皇后呢?在清朝的后宫里,女人分为几种等级呢?我们如何像周杰伦唱的《蜗牛》那样,一步一步往上爬,在最高点跟亲爱的皇帝举案齐眉,顺便也展示下自己母仪天下的风范呢?

别急,玩游戏打通关最重要是知道规矩。我们先了解下后宫女人的等级,最低的等级自然是宫女,也就是我们常说的丫鬟。这种是伺候主子的命。当然,历史上由丫鬟步步高升成为皇后的狠角色也不是没有,卫子夫、王政君、赵飞燕都是从宫女晋升为皇后的一等一高手!但是,目前在我们大清皇朝里,暂时还没出现这样的例子。当然,也不能排除你就是能创造这个奇迹的人。

如果你是一名小宫女,不是从选秀的淘汰赛出身的,但又很幸运被皇上给相中了,那么恭喜你,你可以升为答应了。"答应"这个称号又可分为大答应和小答应。不过,两者区别不大。如果皇上格外喜欢你,那么估计你不会在这么微不足道的小位置上待太久。当然,规矩咱们还是要讲的,皇上还没给你颁发升级资格证的时候,你最好学乖点!要知道在我们清朝后宫里,答应可是没有什么地位的,只能分给一位宫女伺候你。通常情况下,这位宫女不会太把你当回事,而别的路过宫女也不会把你当成主子。说难听点,答应就是"一夜情情人"的代名词。所以,赶紧想点招数升迁吧。

答应往上一个等级就是常在。如果你由答应升为常在,那么你可以

第八章 "女汉子"的步步高升

分配到两名宫女伺候你。不过，这个等级还是蛮低的，有志气的人应该不会愿意停留在这个位置。这个位置可是连宫斗入场券都领不到呢！

当然，如果你是通过选秀女的身份亮相，且有着正宗的上三旗血统，又幸运地被皇上给相中，那么恭喜你，你可以免去从答应、常在这两级来晋升，直接可升为贵人。提到选秀女，我们就不得不提叶赫那拉·杏贞。听到这个名字，也许你觉得挺陌生的。可如果我换个说法，估计你会"哇"一声说出来。是的，也许你已经猜出来了。这个叶赫那拉·杏贞就是慈禧太后，那位在大清史上赫赫有名的老佛爷。

慈禧太后也是秀女出身的。她跟你相比也没有太多的优势。她虽然出身官宦之家，但是她家里人做到最高等级才是个四品的官员。所以，慈禧深谙自己的处境不容乐观。再说，她老人家年轻的时候也不相信什么一见钟情的鬼话。要知道让皇上在四下无人的情况下，对一个女人产生一见钟情还比较容易。如果让他在美女堆里对一个女人产生一见钟情，那估计概率非常之低。慈禧不敢奢望这种低概率事件发生在自己身上，所以她决定自助！慈禧花钱通过层层关系买通了皇帝身边的亲信，得知皇帝会在哪个傍晚去游御花园！于是，她就在那边守株待兔守着！

果然，有钱能使鬼推磨！慈禧买通的小太监不负所望，精准地把皇帝会路过的地方都告诉了慈禧。慈禧掐准时间，假装在那个地方寻找丢失的丝巾。皇帝路过遇见她，问她干什么，慈禧始终低着头回答皇上问题。这下，男人的好奇心被激起了！皇帝让她抬头，她缓缓地抬头，露出女子该有的娇羞！轰，天雷地火，在迷人的夜色里，刚刚办完了公事，准备琢磨点私事的皇帝正愁着不知该宠幸哪家姑娘，这下居然有个娇羞的美人送上门，就是她了！

当然，慈禧也不是盖的，虽说不是博览群书学富五车，但也识得几个字，说得出一些女人该遵循的道理，重要的是，她居然能在短时间内通过观察和交流摸准皇帝的心思。每每开口，总是皇帝想听的话；每每关怀，总能到达心坎上，她不得宠谁得宠。捕获了皇帝的心，没多久她就成了兰贵人。

两年后，慈禧又被封为懿嫔。这嫔可就是贵人往上一级的"职位"了，是皇后之下第四等的位置，能拥有六名宫女伺候。不但如此，在后宫很多事情上，嫔位的待遇和妃位是一样的，比如当上嫔后，就算是一宫主位了，在自己的宫里，可以管理其他的小主。再比如，参加一些大型的活动时候，嫔及其以上的后宫女眷可以露脸，那些答应啊，常在啊，就只能缩在自己的宫里听热闹啦。

又过了两年，慈禧被赐封为懿妃。撒花，这可是皇后之下第三等的位置，能拥有六名宫女伺候。更难能可贵的是，妃这个职位只能有四个人可以获得。

话说，慈禧当年在清朝后宫可是混得顺风顺水，只是一年时间，她老人家就从妃升为贵妃，离皇后大位只有一步之遥。这贵妃在清朝的后宫里只能有两位，能获得八名宫女伺候。跟答应一样，有大答应和小答应，贵妃有分为贵妃和皇贵妃。不用说，皇贵妃是贵妃之上的一个等级，后宫只能有一个皇贵妃，而皇贵妃也同样只能获得八位宫女伺候。

第八章 "女汉子"的步步高升

皇贵妃之后自然是皇后啦！不过这个位置不是那么好做的，一来嘛，皇帝结婚早，也不知道你入宫的时候是第几次选秀了，倘若这位皇帝不是少年继位，而你来的时候也不是第一次选秀，也没有拿到内定名额，基本是与皇后无缘的。当然，如果皇帝是成年后从亲王继位，而你也不是人家当年的嫡福晋，也不用考虑皇后这个位置了。

不过话不能说那么死，所谓"国不可一日无君"，按照大清律和满族人民的信仰，这国也不可一日无后的，如果皇后早亡，或者触怒皇帝被贬斥，就一定会有不同的人给皇帝施加各式各样的"软压力"，目的就是让皇帝尽快确立新的皇后，以便有人能够母仪天下，管理后宫，这样皇帝也才能算是"全乎"。如果你恰巧碰到这样的机会，那就紧紧抓住哦！

儿子，你真给老娘长脸 | 母凭子贵

母凭子贵，在后宫的女人们无一不知道这个词的分量！所以，后宫的女人扎堆地想给皇上生孩子。所谓争宠，本质上也图的是这个，不管留不留得住皇帝的心，至少先留住皇帝的人，这样才有可能一朝受孕呀。

不过在清朝暂时还没有先进的医疗技术可以提前预测出宝宝的性别，所以实际上后妃一旦确定怀孕了，就能受到良好的待遇。正所谓"我是孕妇我最大"。不过那些被皇帝突发奇想临幸了的宫女除外，除

非皇帝还惦着她们,给个名分,否则很难为自己争取一些权益。

当然,在等级森严的后宫之中,后妃们怀孕生子所受到待遇的级别也是很分明的,《国朝宫史》中就有记载,说这后妃生产满月之后,都会得到赏赐。皇后得赏银一千两,皇贵妃得赏银五百两,贵妃得赏银四百两,妃得赏银三百两,嫔得赏银二百两,贵人和常在得赏银一百两,答应得赏银五十两。这是什么概念呢?按照清朝银子的纯度和如今白银的价值来换算,这皇后的一千两大概等于今天的二十万人民币……这还只是明文规定要发的"奖金",皇帝、皇太后高兴了,肯定会赏点什么值钱的东西吧。各宫嫔妃过来祝贺,不管是真心也好,假意也罢,都不可能空手而来,总得带点什么好东西撑撑场面吧,这些林林总总加起来,也是很大一笔收入了。

除了实际的银行卡上的数目,生了孩子的好处还有就是得到政治地位的提升。比如你正跨在贵人位分上尴尬不已的时候,老天赐了你个孩子,这孩他爹一高兴了,立刻晋封你为嫔。上一个档次,各方面的待遇都大有不同。再比如你一朝得子,又颇得皇帝宠爱,立刻封儿子为太子也是有可能的。

看来在这后宫之中,生孩子还是一件赚钱的事情。而且这里不会计划生育,反倒是鼓励生育,只要你有足够的办法让皇帝来赐予雨露恩泽,只要你有足够的身体素质去生育,奖金是不会断的,生儿子的概率是大大有的!

现代都市的女人,怀孕了也照样得挤公交挤地铁上班,一直要坚持

第八章 "女汉子"的步步高升

到临产前,才能够光明正大拿着生育保险带薪云生孩子,这份煎熬相信很多人都感同身受。不过在咱们大清后宫,这样的事情绝对不会发生,定期巡检的太医一旦宣布你怀孕了,即便皇帝不是千恩万宠,该有的照顾是不会少的。从检查身体到饮食起居,还有各种必需的物品、药品一样不落。

《全贵妃遇喜四阿哥底簿》这份档案材料中就详细记载了道光帝的全贵妃从怀孕到产子的全部情况。在这里先强调一下,这全贵妃生下来的儿子,就是后来的咸丰皇帝。咱们不妨从这里看看,给皇帝怀胎生子受到的待遇吧。

道光十年(1830)九月,全贵妃怀孕了,由内务府专门安排了负责全贵妃这一胎的太医,每天定时上门把脉。饮食和药水都根据全贵妃的身体来安排和调整。每个周的妊娠检查都要备案。

到了第二年的三月二十五日,全贵妃怀孕七个月了,太医院的三位御医进行会诊,得出的结论是"脉息安和",道光皇帝特别下了一道旨意"照额加半吃食",并增加了几名高素质的侍女来随身伺候。

从四月二十八日起,御医和接生婆开始轮流值班,一刻钟的空当都不能出现,总管太监亲自上夜守喜,为的就是保证全贵妃临产时第一时间去调动其他人员,并且实施全方位的安全保障措施。

六月初九,全贵妃生了一个小皇子,总管太监领着御医院的御医,还有大方脉和小方脉的医生给母子二人进行身体检查,得出"母子脉息安和"的结论,遂奏报道光皇帝,于是乎,龙颜大悦。

关于全贵妃怀孕生产的这份资料，充分体现了一人怀孕，忙坏大家的局面，但关于吃穿用度的奢华与否，并未做详细的记载。到了二十五年后全贵妃的儿媳妇慈禧身上就不一样了，关于她生同治皇帝的始末，那是有着点滴细致的记录的。

1855年7月，这对于慈禧来说应该是双喜临门的日子，一来她得到了老公咸丰皇帝的宠幸，由贵人升为了懿嫔；二来没过多久她就怀孕了。关于内务府如何安排，共有多少名宫人照顾她，每天吃多少东西，在这里我就不一一赘述了。只是到了年底，懿嫔已经怀孕六个月，清宫有规定，内廷主位怀孕六个月，为保障母子平安，允许母家一位亲属进宫来照顾和陪伴，于是慈禧就高高兴兴地把母亲请进了宫。

春节刚过，慈禧的储秀宫中就增加了两名高素质的宫女，两名管灯火的宫女，还有两名洗衣服的宫女。临近产期的时候，两名接生婆和两名御医共同轮流上夜值班和守喜。不几天之后，值班的御医增加到了六位，昼夜交替值班，以备不时之需。

慈禧整个怀孕的过程中，配备有专门的御医随叫随到，而且每个月都要进行一次会诊，母婴情况即刻上报皇帝。

为了迎接皇子的到来，（虽然谁也说不准一定是皇子）宫中必须提前准备婴儿所需的一切。这里也有详细资料记载，为慈禧的孩子准备的东西有：棉袄十八件、夹袄九件，这共计二十七件衣服共用去布料"各色春绸七丈五尺一寸、各色潞绸八丈一尺三寸、白高丽布三尺、蓝高丽布三匹、白漂布两匹、蓝扣布两匹"。此外还准备了数十块尿布、小被

第八章 "女汉子"的步步高升

子、小枕头、兜肚、褴褛等等，还有婴儿必需的木盆、木碗、摇车等。

一应物品，连带着一块易产石都要提前送到储秀宫给懿嫔过目。到了三月十九日，储秀宫门口挂上了辟邪的大刀，万事俱备，只等懿嫔生产了。

此时的慈禧已然红透半边天，皇帝喜欢她喜欢得要死，何况她的肚子也很争气，生了个宝贝儿子。咸丰帝高兴得不行了，大手一挥，慈禧就如腾云驾雾般直接从懿嫔变成了懿贵妃，真是羡煞后宫诸人啊。不得不说，这就是母凭子贵的典型案例。

不过，像慈禧这样有野心的人，可不单单只想靠生个儿子达到如此低档次的目的。母凭子贵对她来说，真正的目的是盼望自己的儿子能当上皇帝！毕竟，自己这么年轻，皇帝又不是不死的神仙，所以必须赶在年轻的时候为自己的将来好好谋划。而今，儿子在手，已经迈出了通向成功的最重要的一步，剩下的事情，就看如何把自己的儿子经营成皇位继承人了。

不过很快慈禧就发现，这个问题根本无须担心，因为她所生下的这个儿子，也是咸丰皇帝唯一的儿子，在皇嗣凋敝的晚清，她可谓捡了一个大便宜。

不要觉得咸丰皇帝就这么一个儿子，指定立为太子放着了。虽然历朝历代都免不了把太子叫得呱呱响，无数女人打不着皇帝的主意就转而打太子的主意，总之是要努力用青春搏富贵。但在咱们清朝却不是那么回事儿。

本来吧，皇帝立个太子也是正常的事情，要么立嫡子，要么立长子，这是千百年来的规矩，这非嫡非长的皇子呢就安安分分待着，只要不闹腾，还是可以富贵到老的。可是，偏就有人喜欢闹腾。比如康熙朝的那些不甘寂寞的阿哥。

虽然从努尔哈赤开始，清朝的君主们就没有立嫡或立长的情况了，努尔哈赤原本想传位给多尔衮，那全凭的是自己的喜好。虽然最后是皇太极接下了这接力棒，但皇太极也非嫡非长。到了顺治，这个皇帝当得叫一个不可思议，阴差阳错，而且他也不是皇太极指定的继承人，因为皇太极老先生是突然死亡，根本也没来得及交代后事。顺治死前，留下遗照传位给爱新觉罗·玄烨，也就是康熙皇帝。顺治传位的依据，也是他觉得这个儿子特别聪明罢了。

唯有康熙皇帝，早早地立了个太子，当然做这件事情的时候他也有无奈的成分在里面。与他感情甚笃的皇后赫舍里红颜薄命，在生第一个孩子的时候就遇上难产，巴巴地躺在床上舍不得闭眼睛，康熙又着急又伤心，立刻下令封赫舍里的儿子为太子，这位年轻的皇后才满意地撒手而去。

可是康熙皇帝多情，身体又比较健康，因此后来的日子里，他又得了很多位皇子。俗话说"龙生九种，各有不同"，这些皇子就各有各的心思，再加上太子本身也是资质平庸，情商欠缺，无法服众，惹得别人觊觎起了他的位子。

康熙虽然是位百年难遇的杰出君主，但在管理儿子方面却不那么理想，估计也是精力不足的原因吧。九王夺嫡这种事情到现在是为人津津乐道，但当时的经历者想来就不会有那么轻松了。于是，到了雍正朝，出现了秘密建储制度。

说了这么多，其实我想告诉你的是，虽然"母凭子贵"与"子凭母贵"是相辅相成的关系，但在清朝，你在后宫的地位再高，和你的儿子是否能当上皇位继承人并没有直接的联系。因此，你的儿子靠你是靠不住喽，只能你完全地依靠他来步步高升了。反正，只要你不犯什么大错误，只要生了个孩子，得个封号或者升点位分加点奖金的事情，还是有的。

等阿哥们成年后，谁越有本事，谁的母妃就越能跟着享福或地位高涨。电视剧里头，那些阿哥聚在一起，比赛射箭骑马的场面在我们清朝后宫里可是常见。这个时候，他们的母亲都暗暗捏一把冷汗。要知道谁表现得厉害，皇帝可都看在眼里啊！而且，皇帝喜欢谁，谁的名字就有可能出现在那个藏在养心殿立柱背后的储君名册上！

所以，简单地说，想母凭子贵就是生儿子要趁早，养儿子要养贤！

鼓掌撒花，恭喜你跳级了 | 越级晋封

喜欢穿越的清朝的姑娘们相信不会放过《甄嬛传》。大家还记得剧里有这样的情景吗？甄嬛刚学宫中礼仪时，芳若说："册封要一级一级来的，不能越级晋封。"由此可见，在这后宫越级晋封可是要乱了规矩的。

正所谓，国有国法，家有家规。乱了规矩这可是万万不能的事情。

这时，可能又有人疑惑，在剧中，甄嬛最开始的位分是常在，后来晋封为贵人。可为什么皇后却说甄嬛是越级晋封呢？潜心修炼本书的人肯定知道，常在之上的一个等级就是贵人，何来越级之说？其实，这里所谓的越级是说甄嬛还没侍寝就被封为贵人坏了规矩。看到这里，估计你会说："天哪，这也太严格了吧！"没错，后宫有后宫的规矩。不懂游戏规则的人，随时踩雷离场。

在清朝的历史上，还有一个明明可以越级却又碍于规则不能越级的典型例子。看过《还珠格格》的人估计都知道里面有个歹毒的皇后。其实，她的原型就是乾隆帝的第二个皇后，乌拉那拉氏，她比乾隆小七岁，起初被封为侧室福晋，紧接着是封娴妃、娴贵妃。

乾隆十三年，孝贤皇后驾崩，中宫皇后的位子出现空缺。当时，皇太后对于后宫有无皇后之事非常关心，便亲指定娴贵妃乌拉那拉氏为继后。为把这件事情给办好，皇太后还特地给乾隆降下一道懿旨："皇后母仪天下，犹天地之相成，日月之继照。皇帝春秋鼎盛，内治需人。娴贵妃那拉氏，系皇考向日所赐侧室妃，人亦端庄惠下。应效法成规，即以娴贵妃那拉氏继体坤宁，予心乃慰。即皇帝心有不忍，亦应于皇帝四十岁大庆之先，时已过二十七月矣，举行吉礼，佳儿佳妇，行礼慈宁，始惬于怀也。"

这时皇太后的意思是让娴贵妃当皇后，统领后宫啊，这可就是越级晋封啊！怎么办？乾隆不敢违背皇太后的旨意，又怕被朝中大臣抓住自己乱了后宫规矩的把柄，思前顾后才做了一个折中的办法。他将娴贵妃

第八章 "女汉子"的步步高升

晋升为皇贵妃,代行皇后之职,管理后宫事务,称"摄六宫事"。这样就不违背越级之说了。何况,这贵妃只是代理皇后的职务,又不是真正的皇后,这就在不乱了规矩的前提下,顺从了皇太后的意见。

当然,这娴贵妃有皇太后撑腰,名正言顺晋升是迟早的事情。二十七个月过去,乾隆就为娴贵妃举行册封皇后的典礼了。从此,乌拉那拉氏登上了皇后宝座,这年她三十三岁。看吧,有大人物撑腰的人也不能越级晋升,由此可见这后宫的规矩多严格。

这时,你也许会感叹:那我穿越到清朝,想短时间内成为后宫的主人不是没希望了?我是不是还要勤勤恳恳一步一步耕耘才能爬到最高点啊!这该浪费我多少的青春年华呢?

No,事情不是绝对的!规矩是人定的,最终的解释权自然在掌握最高权力的人手里。在同治皇帝统治年间,就有个后宫妃子越级晋升的例子。这个人就是富察氏,她由慧妃越级晋封为皇贵妃,为淑慎皇贵妃。你估计会想这个女人肯定备受皇帝的喜爱,所以能越级晋升吧!No,让你吃惊的是,让这个女人越级晋升的人竟然也是个女人。这个女人就是曾让清朝后宫不少人闻风丧胆的老佛爷。

先说下淑慎皇贵妃,她是富察氏,满洲镶黄旗人,选入宫时还不足十三岁。她外表俏丽清秀,善体人意,但是为人心胸狭窄,心机极深!由于富察氏嘴甜,特别懂得奉承慈禧太后,因此深得她的喜爱。

此时,还有一名秀女叫阿鲁特氏,是翰林院侍讲崇绮之女,比同治帝大两岁,是名门闺秀,却深得另一宫太后的喜爱。

于是，选哪位秀女作为皇后的储备人选，东西宫太后产生了意见分歧，最后决定听从皇帝的意见。那这时，皇帝会如何选择呢？先普及下同治皇帝跟东西宫皇后的关系。

　　同治帝是慈禧太后的亲生儿子，但是对慈禧把持朝政的做法十分厌恶。而慈禧是个视权如命的人，爱权势多过爱自己的儿子，所以迟迟不肯交出大权。因此，两人的母子情非常浅薄。而慈安太后忠厚慈祥，对同治皇帝视为己出，关怀备至，因此深受同治帝和光绪帝的爱戴和尊重。于是，选后时，同治帝遵照慈安太后的意愿，选了阿鲁特氏。慈禧自然十分恼火，为了跟同治帝唱反调，慈禧却把富察氏封为慧妃，享受贵妃待遇。两年多以后，富察氏由妃直接晋封为皇贵妃，连升两级。同治帝刚死半个月，慈禧册封富察氏为敦宜皇贵妃。在慈禧六十大寿之前，慈禧又册封她为敦宜荣庆皇贵妃。这在整个清朝史上，皇贵妃得到四个字的封号可只有这么一例。由此可见，在后宫，得到皇上的恩宠并非通往康庄大道的唯一途径，笼络皇太后也不失为一个妙招。

　　所以，如果你真的穿越到清朝后宫，还能越级晋升，成为清朝史上稀有的例子，那么我绝对会撒花，跟你说声恭喜恭喜！

还劳烦公公跑一趟，发封E-mail就行了呗 | 册封步骤

　　成功晋级了，那么接下来就是走册封流程了。会是什么样的流程呢？好紧张啊，会不会跟走星光大道一样啊？先别急，不同级别的位置

第八章 "女汉子"的步步高升

册封步骤不一样。我们先看下清朝后宫是如何册封妃、嫔的。

自崇德初元始,皇上的妃子们是同日受封的。册封当日,妃子们等率领公主、福晋,到皇帝跟前进行六肃三跪三叩之礼。那么什么是"六肃"呢?穿越过来的人要好好学一下,免得册封之日频出马脚。所谓"六肃"就是磕三个头,请一回安,磕三回头,请三回安。

也许你会觉得这个步骤很麻烦,甚至感叹:天哪,当皇上的妃子竟然这么麻烦!事实上,真正的大麻烦还在后头。

清朝要册封皇贵妃时,必须先由礼部和工部先期将制好的册子和宝玺送交内阁。到了举行册封仪式的时候,礼部再向内阁奏请,并命大学士和尚书来充当册封使,侍郎和学士当副使。而这些人必须提前一天到达太庙后殿、奉先殿。

好了,繁复的程序处理完毕之后就要进行册封了。册封这天,天还没亮就有很多人要忙活了。銮仪卫官在内阁门外设采亭,内阁、礼部官员先将册封用的册文、宝文等物品放于亭内。紧接着,用伞仗作为前导,礼部官员在前面引路,銮仪卫将亭抬到太和殿下,再由礼部官员将这些物品陈设在殿内各桌子上。

好了,终于天亮了,大学士一人身着朝服站在东面,正副册封使身着朝服站在台阶上的空地的东边。这时,会有个钦天监官,像电视剧里的情景,扯着嗓子说:"吉时已到!"

声音刚落,正副使就由东面跪到左北面。大学士从案上拿起册封的册子,由殿中门走出去,拿给正使。正使受拿到册子后,就会同副使站在一起。这时，内阁、礼部官再将册文、宝文重置亭内，导引銮仪卫抬至皇贵妃之宫。

好了，好了，东西终于抵达贵妃的宫里了。别急，还没完呢！还有必须要注意的事情，毕竟皇贵妃可不是这么好当的。在册封之日，内銮仪卫也要先在贵妃宫门外设皇贵妃仪仗，也要把节案、香案放在宫内，正中和东西方分置册案和宝案。话说，正副使接受使命后，就由协和门至景运门外，正使站在门西面，将册子交给内监。内监手捧册子，内銮仪卫校尉抬册、宝亭至宫门，再由内监将册、宝随节捧至皇贵妃宫。

这时，皇贵妃就应该身着礼服于宫门内道右边准备迎接。内监将册封贵妃的用品陈设于宫内各桌子上后退出。接着，引礼女官引皇贵妃在拜位北面跪，并宣读册文、宝文。皇贵妃接到册封的册子和宝玺后就进行六肃三跪三拜礼。

礼毕，内监再捧着册子等物品出宫，皇贵妃在引礼女官导引下送内监到宫门内道右。内监在景运门将物品重新交到正使手里。正使就持着册子等物品前行，副使紧跟其后到后左门复命、还节。至此，各有关人员就必须退场了，册封皇贵妃的仪式也结束了。

哇，终于可以松一口气了，撒花，撒花！如果你这个时候高兴，那未免也高兴得太早了。第二天，皇贵妃还要亲自到皇太后宫行六肃三跪三拜礼，然后再分别到皇帝、皇后前行礼。

怎么样？读到这里，你是不是也觉得这后宫的女人确实不好当啊！是不是想对皇帝说，不要这么麻烦啦，直接发封E—mail给我就行啊！

第九章　潜规则这种东西，从来没有消失过

当规则需要被"潜"时，自然就演变成了一种真实的游戏了，如此风靡的游戏，也自然备受紫禁城后宫佳丽的垂青及追捧。后宫从不欠缺规则，更别说是"潜规则"了，这些个明里暗里的规则，早已被后宫佳丽们稔熟于心，把玩于股掌之间，与今天的职场"潜规则"，娱乐圈"潜规则"相比，当真是有过之而无不及。

可爱的后宫佳丽们，刻苦钻研各种"潜规则"课程，虚心请教，废寝忘食地学习，时刻准备着当规则遇上自己，不是被规则"潜"了，就是自己"潜"了规则。总算将"潜规则"在紫禁城发扬光大，上演了一幕幕规则大片。

"我爸是李刚"我怕谁 | 背景问题

"一人得道鸡犬升天"总是容易被我们这些一没权势,二没背景的人恨得咬牙切齿,你看那唐明皇宠冠后宫的杨贵妃,她一眉飞色舞,她的父亲,她的哥哥,还有她的各种关系深关系浅的亲朋好友,有几个没有沾到点好处呢?再看看我们大清,历朝皇后我也就不再细细地数一次了,可到了这一步,你我她大家都心知肚明,皇后的人选往往不是由皇帝自己说了算的,太后,加上近支王公大臣需要提前合计好久,挑年龄挑相貌最重要的是要选定一个背景可靠的女子,她的父亲或伯父或叔父之类的要么位高权重,要么对皇帝忠心耿耿,有能力有魄力,在职场上能够发挥关键的作用,而且还得和皇家沾亲带故,这么苛刻的条件限制,几轮筛选下来,人选也不剩几个了。

挑到皇太后基本满意,就要开始让皇帝满意了。不过这个世界上往往没有那么巧合的事情,婆婆中意的媳妇,儿子一般不中意。而儿子喜欢的女子,婆婆往往挑三拣四,吹毛求疵,鸡蛋里挑骨头反正就不会百分之百地称心如意。

可皇家无私事,为皇帝挑选皇后,那就是为天下挑选国母,由着皇帝的喜好来办事是不大行得通的,何况皇帝大婚的时候年龄都还小,也

第九章 潜规则这种东西，从来没有消失过

就十多岁，哪里又能纵观全局地去考虑妻子人选呢？于是，情况就会变成，在选秀之前，太后以及王公大臣们轮番地给皇帝做工作，这工作还不能明着做，非得拐弯抹角地说，最后得让皇帝自己认下这件事情，还得表现出欢欣雀跃的样子。如此看来，其实当皇帝也挺不容易的。

咱别的不说，光看看大清开国第一位皇帝顺治就知道了。顺治皇帝六岁登基，仰仗着多尔衮的运筹帷幄和母亲孝庄太后的韬光养晦，终于坐稳了皇位。可是在选老婆这件事情上，他照样做不得主。多尔衮早就为他选定了蒙古科尔沁卓里克图亲王吴克善的女儿为皇后，这位博尔济吉特·荣惠，那是孝庄太后的亲侄女，不但是皇亲，而且是很近的皇亲，这根本就是近亲结婚啦。

顺治皇帝内心当然不欢喜，不要说他内心旦已有所属，极端厌恶母亲和多尔衮之间暧昧之情的他又怎么能坦然接受这"狼狈为奸"的一对强塞给他的所谓妻子呢？于是顺治一直借故拖延大婚的日子，哪怕到了最后不得不承认了博尔济吉特·荣惠，可一直冷落对方，最后还找了个借口将其废掉，降为妃子。你想想，这对于一个皇后来说，是多么大的耻辱！

可是顺治皇帝也不安乐，他心心念念想要扶正的董鄂妃，却是千百个人不得孝庄太后的眼。废掉了一个侄女，孝庄还有别的侄女，再找一个来顶替上就是了，于是，表妹取代了表姐的位置成为孝惠皇后，开启了另一段令人扼腕的宫廷悲剧。

要是你，做何感想？

董鄂妃短命，生个儿子也未挺过三个月，虽然有了顺治的千恩万宠，但在后宫之中，这专宠根本不是什么好事，当然也没能为她搏来更幸福的后半生。她一死，顺治万念俱灰，哭着喊着要去当和尚，把个好不容易稳定下来的江山交到了年仅八岁的爱新觉罗·玄烨手里，这可真是急坏了孝庄太后。

细细碎碎乱了好几个月，总算尘埃落定，但从整个过程来看，谁也不开心，谁也没赚到。先说说这两任皇后，虽然都是有背景的人，靠着孝庄太后这位老祖宗，原以为可以万人之上，荣华富贵了。可作为一个女人，自己的丈夫对自己厌恶至极，甚至连看一眼都不愿意，光靠着"地位"，内心是要有多强大，才能因此而幸福呢？

表姐博尔济吉特·荣惠生性骄纵，皇帝较少搭理她，她就哭着喊着到孝庄面前告状，时不时还提一提自己父亲的功劳，提一提孝庄不得不仰仗和忌讳的蒙古背景，这可真是为自己挖坑啊。因此当顺治因为"与朕志意不和"而将其降为静妃的时候，孝庄并没有过多阻拦，睁只眼闭只眼就看着自己这不听话的侄女儿同入冷宫去了。

事实证明，在后宫中，有背景只能保证你站得有多高，但至于能不能站稳，能不能经营到终老，这还得看你个人的悟性，光是一个"李刚爸爸"，或者某某"干爹"，未必能保你万世太平。

相比较起来，这顺治的第二位皇后就要显得聪明些，她也是孝庄太后的侄女，也有深厚的背景，同样也不得顺治皇帝喜欢。但她性子柔和，尤其能忍，对于丈夫的无礼冷遇，她从未抱怨过，即便顺治皇帝总

第九章　潜规则这种东西，从来没有消失过

想找借口废了她，把董鄂妃扶上位，但也苦于找不到一个合适的废后理由，只得由着她孤独，由着她母仪天下。

顺治作为大清的开国皇帝，在对待皇后这件事情上，也实在没给后面的子孙当上好榜样。看他儿子康熙就要懂事得多。虽然康熙皇帝的第一位皇后赫舍里（辅政大臣之首索尼的孙女），也是因为太皇太后要笼络索尼而刻意塞给他的，但他并没有他老爸那么叛逆，虽然因为政治婚姻有些别扭，但还是该做什么做什么，没有太让赫舍里难堪，后来二人竟慢慢培养出了深厚的感情，以至于赫舍里早亡的时候，康熙如此悲痛欲绝。

当然，这一个巴掌是拍不响的，光说康熙丹大理顾大局也不公平，这赫舍里也不是"省油的灯"（这里说的是褒义）。这个女子自小受到良好的教育，知书达理，且娴静温柔，说白了，她也是通过自己的努力赢得老公的爱的。比起那些个只会靠着背景闹情绪的皇后，这赫舍里算是很有智慧的了。

以上这些皇后的经历告诉你一个道理，就算老爸是"李刚"，也不会无所不能，背景问题虽然很重要，但做人问题更重要，在这个紫禁城中，显赫的背景只能成为你站在高起点的垫脚石，但无法保证你能站稳到最后，如若不小心跌了下来，大家都知道，站得越高，跌得越重啊。

这皇后的背景是没得说，毕竟是一国之母，怎么地也不能是穷乡僻壤的小户人家，要注意教养和形象问题嘛。因此定夺皇后人选的过程要复杂一些。然而皇后只有一个，剩下的诸多位置也是需要人去填的。这

时，又轮到皇帝纠结了，有的女子不得不重视，比如功臣之后啊，或者位高权重的大臣之后啊，他们在不同程度掌控着朝廷的命脉，如果不给他们点好处，让他们宽心，谁能保证他们的忠诚？何况这也是一个相互制约的过程，你捏着我天下的几个经脉，我就抓着你的女儿，这就是所谓"前朝后宫相互牵连，牵一发而动全身"啊。

当然，这些"关键"的女子皇帝未必喜欢，可聪明的皇帝就知道，有她一个不嫌多，好好养着就是了，何必计较喜欢不喜欢呢，要是把祖宗留下的基业弄垮了，这再喜欢的女子也保不住了。

其他的女子，情况就比较复杂了。在大清，后宫嫔妃可谓最不讲究背景的朝代（当然是相比较），因为完善的选秀制度，使得除了纯粹的汉人之外的女子，都有机会报名参加选秀活动，而且不报名还不行。这也就注定了会有很多家世并不显赫的女子充实宫掖，她们只要长得周正，且入得皇帝眼就行，背景什么的，大概从来就不是她们还能够考虑的问题。

但也有一些没背景的人，出其不意地踩倒了很多有背景的人，这种事情虽然不多，可也足以让那些无权无势的女子看到希望。

比如乾隆皇帝的生母就是一个很好的例子。这位老太太年轻的时候，也不过是雍亲王府的一个格格罢了，没什么地位，也没被雍亲王看上眼，原本属于伺候主子终老的命。可是有一年，雍亲王生了一场大病，福晋侧福晋们都担心被传染，除探视之余，并未用心照料。唯有这一位，似乎根本不知道这是传染病一样，衣不解带地在雍亲王病床前照

第九章　潜规则这种东西，从来没有消失过

顾着，直到雍亲王挺了过来。

所谓患难见真情，雍亲王也不是铁石心肠的人，面前的这个女子即便没有花容月貌，但有着一颗善良的心，于是便将其收入房中做了个妾。不久之后，这个小妾便给雍亲王生了个儿子，得名爱新觉罗·弘历。

后面的故事，相信你已经猜到了，这位毫无背景的丫头就这样跟着雍亲王住进了紫禁城，封妃赏金，过得逍遥自在。一来因为她本就有着与世无争的性格，二来因为雍正的后妃着实不多，所以这钩心斗角的事情基本没发生在她身上。再后来，她的儿子当上了皇帝，她也就跟着成了皇太后，颐养天年，活到了七十多岁。

真是"人间有真情，人间有真爱"的活版本啊，由此看来，拼背景、拼权势、拼智商、拼狠劲也并不是后宫中永恒的主题，每一个皇帝身边，都有这么一两个心地善良的女子，如若说和其他女人斗，她们未必能斗得过谁，但她们却能用自己的真善美赢得皇帝的尊敬，即便不是爱，一份尊敬，也能让她们在后宫稳稳地站住，保半世太平。

所以，即便你真的没有半分背景，也不要怨天尤人，恨你爹爹没本事。入得这宫里，本事全凭自己修炼，没背景的人也可以活得很好，关键看你如何走脚下的路了。

是人总有缺口，我不信我搞不定你 | 贿赂收买

"今天的拼命努力是为了明天不让人有机会拿钱砸到你妥协！"这如此励志的话是有着多么反腐倡廉的味道在其中啊。可是在后宫之中，很多人的很多努力，都是为了能够拿钱砸到别人妥协，当然那都是有用的人。就像励志大师所说的话，一个人的成功20%来源于能力，80%来源于人脉，这句话放到我们大清后宫中也是一样的，但凡能够步步高升平步青云的人，绝对不可能光靠自己，她们必须用不同的手段，利用不同的人，为自己铺就一条光明大道。

咱就先说说最大的榜样孝庄太后吧。她从一个草原上不谙世事的单纯姑娘，最后成为大清的国母，辅助康熙帝将整个清王朝发展壮大，这样的成就除了她自身就是一个智慧的女子之外，与旁人的帮助和支持是分不开的。

首先，她有一个非常贴心的近身侍婢苏麻喇姑。这位姑娘也不是个简单的角色，冰雪聪明且非常忠心。很多孝庄不方便出面去做的事情，全是由苏麻喇姑来操持，而且，她很懂得主子的心意，即便主子一句话都不说，彼此也能心照不宣。何况，孝庄很多不为人知的秘密，很多无法言语的心酸，也只有苏麻喇姑一个人能体会。当然，如此忠诚的苏麻

第九章 潜规则这种东西，从来没有消失过

喇姑，是不需要找到弱点贿赂收买的，她是知己，亦是死士。

其次，就是顺治的"皇父摄政王"多尔衮。孝庄深知，多尔衮拥护福临当皇帝，那是不得已的选择，否则很可能与豪格兵戎相见。但彼时的多尔衮已经是战功赫赫的亲王了，怎么可能臣服于一个六岁的毛孩子呢？不行，还是得孝庄这个当妈的出面来维持局面。

但想要多尔衮甘心情愿地来辅佐顺治皇帝，就得给他点好处。他最想要的皇位，孝庄是给不了他了，那第二想要的呢？多尔衮与孝庄年龄相仿，当年原本也是有情人，却被皇太极横插一杠子。而今皇太极已死，按照满族旧习，嫂嫂下嫁小叔子也是情理之中的。虽然在历史上，孝庄究竟有没有嫁给多尔衮始终是一桩悬案，但二人之间有一些你来我往的亲密关系，这也是不可否认的。孝庄控制着多尔衮的心，令其不得不对顺治施以教导和忠诚，才保住了顺治，直到其亲政。

可惜顺治并不喜欢这个皇位，年纪轻轻就告别人世，又把一个国家的摊子扔回了母亲孝庄太后的手中。孝庄只能接着辅佐康熙。随着时间的推移，顺治指定的四个顾命大臣各自的心思就慢慢暴露出来了，他们分成几派相互拉扯着，不管最终倒向哪一边，对皇帝都是不利的。无奈，孝庄又出手了，她这次把目光放在了老臣索尼身上。她知道索尼在朝中的势力，也知道索尼想要保持中立，哪边都不得罪。为了把索尼拉到绝对支持皇帝的这一边来，孝庄找准了索尼的"缺口"，一举拿下了这个老狐狸。这个缺口就是，将索尼最疼爱的孙女赫舍里指定为皇后。

当然，你可能会说，不是每个人都有机会站在孝庄那样的高度，用

自己的权势去达到目的的。她是舞弄政治的人，而我们后宫中的普罗大众，也只是为了争点宠爱罢了。可是你要知道，后宫政治也是政治，大人物有大人物做事的方法，小人物有小人物做事的目的。这就像石油大王要挣钱，街边卖炸糕的小贩也要挣钱是一样的道理。

好吧，想明白了的话，咱们就一起看看，在后宫中生存，有哪些人是能够帮助你，也需要想办法掌控的。实际上，不外乎那些长期接触到的人。

第一类，你的身边人。这些人就包括宫女和太监。如果你母家的地位比较高，那么当年入宫的时候，你可能就有资格随身带了一个奴婢，就是所谓的陪嫁丫头。这样事情就好办了，大部分人的陪嫁丫头都是忠心耿耿的，像《甄嬛传》中甄嬛带亲妹妹浣碧入宫的除外，这亲姐妹之间待遇悬殊就太容易让人心理不平衡了。

可是这贴身侍婢毕竟就一个人，剩下的那些宫女、太监都是进宫以后才新分配的，他们有的可能是刚进宫的小喽啰，有的则可能是有了几年工作经验的。重要的是你和他们都不熟，他们俯首帖耳地伺候你这是出于工作需要，但你无法看清他们的心是否真的忠诚于你。你看诸多宫斗事件中，这嫔妃被出卖或被戕害，不都是因为身边的人被对手收买了吗？

怎么办？你当然只有想办法抓住他们的心了。最简单粗暴的，就是用你杀伐决断的魄力，杀鸡儆猴，让大家都因为怕你而忠诚于你。可是高压之下必有反抗，人家表面上服你，内心可能未必服你。要是再受了点委屈，很可能就被其他人"安慰"去了，成为埋在你身边的隐患。

第九章　潜规则这种东西，从来没有消失过

对于这些日日都伺候在你身边的人，其实最好的办法莫过于以德服人了。下人在宫里是最没有地位，也是活得最可怜的一个群体，你如果能够把他们当人看，对待他们的态度好一些，首先就在情感上笼络了他们。平日里有些什么赏赐，小恩小惠的打赏一点，也算是关怀下人，他们自然会对你忠心耿耿。

当然，在尔虞我诈的后宫之中，任何事情都不能掉以轻心，适当的防备还是应该有的。

第二类，给你把脉开药的人，也就是太医院的那些医生。自古后宫命案中，很少有能够与太医脱离关系的，他们毕竟是能够掌握人之生死的"本事人"嘛，可以把人医活，当然也可以杀人于无形。

掌握这一类人，并不是让你蓄意地去谋害某人，但在医院里面有点关系是非常必要的，一来，医生给你看病能够尽心一些；二来，他们也可以帮助你鉴别是否有人想要谋害你。尤其是在怀孕期间，太医的作用就更重要了，总有人会担心你腹中胎儿危及她们的地位，总有人不希望你顺利产子，飞黄腾达。她们可能会通过各种手段来伤害你，让你防不胜防。比如电视里常演的，在你的补药里面下点慢性毒药之类。

虽然太医给皇帝以及妃嫔们看病抓药都有非常严格的流程，所有病情，药方都一一记录在案，煎药的时候需两个及其以上的人同时在场，而且药要煎双份，太医院的人和近侍太监尝过一份之后，才能把另一份送到皇帝或者嫔妃手中。但再严密的规矩都会出现漏洞，这其中只要同时买通两个人，就可以神不知鬼不觉地改变你的药，还能更神不知鬼不

觉地把药渣又变成正常的去备案。

宫廷之中，非法手段可谓千奇百怪，但利用药理来害人是最为简单直接但也是最容易掩藏的。可并非每个人都懂些医理医术，要是身边有一个靠得住又懂医的人，事情就会顺利很多。所以，收买一个医生是非常必要的。

但这类人和你的近侍不同。由于清代的太医院日渐发展壮大，而上班的时间和制度也日趋严格，因此你想收买其中某一个人，还是需要些时日的。为什么这么说呢？

先看看太医院的轮班制度吧。在宫里没有妃嫔怀孕，也没有谁得了重度疾病的时候，一般由院使和院判带领自己手下所属的医官，根据各自所在的科室分组值班，次序随时有变更，二十四小时恭候传唤，清廷叫作"侍直"。这其中又分为"宫值"，也就是在宫内的值班人员；以及"六值"，就是外廷值班人员。在恭候传唤的同时，对于嫔及其以上的主子，还要定期检查身体，当然这检查人员也是不固定的，目的有二：其一，保证对各位主子进行全方位的健康状况的检查和监控；其二，防止固定的太医（男人）和妃嫔接触时间长了，给皇帝扣上顶绿帽子。

当然，这只是平时的轮岗制度，如果哪位主子身体不舒服了，可以随时差人去请太医来为其诊治。请呢，只能请在宫值岗位上的太医。

照这些个制度看，你要是想收买太医呢，首先得混到个嫔位，这样有了定期查体的待遇，才能根据情况判断哪位太医与你更有默契，更

第九章 潜规则这种东西，从来没有消失过

适合培养成为"死党"。那么当你选定目标之后，首先不要急着下手，应该差你身边信得过的人多方打听这位太医的所有情况，所谓知己知彼嘛。

然后，你就可以找时间装病了。找准这位太医值班的日期，你就言身体不适传太医过来诊病。

你可能会害怕了。这明明没病，装给外行人看还行，这太医一来，不就露馅儿了吗？关于这个问题，你大可不必担心。太医们虽然也算得上是宫里的公务员，但终究你是主子，他是奴才，主子说自己有病，奴才就没有敢反驳的。反正你要说个头晕心慌也不是什么大病，太医诊断后即便觉得你没病，还是得给你开出方子，要么消夏解暑，要么保暖御寒，总之不会揭穿你就是了。

也许你还会担心："那我要是总哼哼着有病传唤太医，会不会让人怀疑啊？"这点你也不用担心。放眼望望，这些后宫嫔妃，哪个不是养尊处优，吃是吃最好的，运动是运动最少的，营养过剩搞得身体不舒服的事情每天都在发生，因此大可光明正大地去传唤，不用畏首畏尾战战兢兢。

但对于这些太医，并不是你一点怀柔政策就能搞定的。虽然他们也经常遭到主子的责骂，毫无尊严可言，但他们毕竟还不是你身边的人，而且他们有机会接触到各宫主子，一点小小的"感情牌"，未必能打动他们。要给，还是得给点实在的。这值钱的东西自然要打赏，还得捡那些目标不明显的值钱货去赏。你说要是赏人家几匹珍贵的缎子带回家让

夫人欢心，也得人家敢光明正大地从你这儿拿出去啊。

除了打赏，抓住对方的软肋，也是让一个人为自己办事的好办法，虽然看起来有些下作，但这也是没办法的办法，尔虞我诈的世界，你够狠才能生存。不过软肋在手，也要懂得运用，要是步步紧逼，很可能逼得对方狗急跳墙。恩威并施，才是驾驭人的经典招数。

第三类人，他们同时也是宫中的第三类人，那就是太监了。在这后宫中，虽然太监众数且特点相同，但他们也是分三六九等的。伺候在你身边的自然不用说，还有那些办皇差的，那些打点宫中各项事宜的，这些公公虽然命苦卑贱，但有的却能只手遮天，风光起来，比你一个小小的妃嫔还要强，因此，贿赂上这么一两个大红大紫的公公，对你而言是有益无害的。至于为什么要关注这一类人，我们接下来细细说。

别"狗眼看人低"，说得上话的还是他们 | 太监的特殊性

还记得那个"指鹿为马"的故事吗？

老太监赵高辅佐秦二世治国，却整天只想着如何蒙蔽皇帝，自己掌握大权。不过一切都如他的意，胡亥对他言听计从，为了证明皇家的神秘性，整天躲在偌大的宫殿中花天酒地不愿见朝臣，把整个江山丢给了赵高这个没读过多少书且心胸狭窄、心性极端的阉人去打理。为了向胡亥证明皇帝是什么都能说了算的，高高在上的人，他特意演了一出好戏。

第九章　潜规则这种东西，从来没有消失过

赵高令人在殿堂中放了一头鹿，然后让朝臣们告诉陛下这是个什么动物。此时的赵高一手遮天，人人看着他的脸色行事，都不敢妄言。这时一个炮灰站出来说，这是鹿。赵高立刻尖着嗓子叫道："这怎么会是鹿呢？明明就是一匹马！"

一时间，整个殿堂都有些错愕，连胡亥脸上的表情都挂不住了，拼命忍着笑，小声对赵高嘀咕，"你怎么能瞎说呢？"

赵高不理会，沉默地看着大臣们，几分钟之后，大家齐声答道，这就是一匹马。胡亥震惊之余，也感到前所未有的满足，原来所有人是这么臣服于自己的啊，于是更加放心地荒废朝政，纵情享乐去了。

指鹿为马固然荒谬，胡亥也是昏君一个，但其实我想说的还是这个赵高的问题。在那么多年前，身为在宫中伺候的特殊人群，就已经本末倒置地来主宰天下祸国殃民了。然而在后来的朝代中，君王们或许意识到这类人的危险性，却不得不继续使用这类人。因为在后宫之中，这类人是不可或缺的。后宫乃皇帝的家，皇帝乃天下之主，这天下之主的"后花园"中，岂容他人酣睡？后宫里只能有皇帝这唯一的一个男人！

你想啊，要是这太监不是太监，而是正常的男人，那皇帝的后宫佳丽三千，空闲的有多少，深宫寂寞的有多少，这干柴烈火一点就燃，皇帝头上的绿帽子恐怕能将他压死！

因此，太监是必然要存在的，想在宫里干活，就必须先自宫，这是规矩。而皇帝们也很自信，认为可以掌握这群人的一切，既可以控制他们的心性，又可以让他们为己所用。因为"没有根儿"的人奴性重嘛。

可偏偏就是这些奴性重的人,一而再,再而三地挑战国家权威。

我们都知道,大清王朝是建立在推翻明朝统治的基础上的,也就是说,开创大清的祖宗们,那叫一个眼睁睁且推波助澜地看着明朝毁灭的。因此,不管是皇太极,还是他的儿子顺治,都对明朝灭亡因素之一——误国的宦官讳莫如深。

顺治十三年,明确废除了明代的宦官机构,改设其他机构来为国家办事,并且将宦官人数裁撤到九千人(明朝近十万人)。康熙十六年,又废除了宦官专属衙门,指定内务府为总管宫廷事务的机构。自此,曾经在大明王朝只手遮天的宦官们走下了历史舞台,成为清朝后宫中低人一等、命如草芥的一拨人。

在顺治朝,交泰殿、内务府和慎刑司三处的大门口都立着一块由顺治皇帝亲自颁诏的铁牌,大致意思是:在宫廷中奴役使唤宦官,虽然是自古不变的规矩,但凡事应该有个度,任用失当,就可能引发祸端。明朝的刘瑾、魏忠贤等人,就是活生生的例子,他们乱政干权,把持厂卫,枉杀无辜,且出使边疆,手握兵权,阴谋叛乱,结党营私,陷害忠臣。最终导致政权覆灭。这一切都值得我们深刻地思考和警醒。今特决定裁减宦官人数,且严禁宦官干预朝政,窃取权力,贪赃受贿,结交外廷官员,越职奏事,私下议论官吏是否贤良。更不准擅自离开京城,参与军事。若有敢违抗此令的,立即凌迟处死,绝不姑息。特立此铁板,令世代遵守。

可以说,此块铁牌上规定的纪律非常严明,也足见咱们的顺治爷爷

第九章 潜规则这种东西，从来没有消失过

是恨透了那些不男不女，心理变态，还自以为是的"阉人"。顺治的这一思想深深影响了他后来的几代人，康熙、雍正、乾隆，这几位皇帝都严格遵守顺治爷留下来的规定，不给宦官放权，而宦官犯错，惩罚是非常严厉的。

倘若你身在这几个朝代中的任何一个，都可能没有机会见到所谓宦官只手遮天是怎样一个可怕的情景。但历来上有政策下有对策，这几个朝代的太监虽没赶上"好时候"，但在一定的圈子里，依然是一股不可小觑的力量。

前面说过，首先这敬事房的太监就能够运用自己手中的权力来"欺压"你。若是别的嫔妃打赏了，而你从来不打赏，甚至说话的态度不好，那人家就能拿着你的绿头牌子做文章，让你很长时间都见不到皇帝的面儿。但这种事情你也无处申冤哪，皇帝治理朝政的事情就够烦心了，谁还愿意来处理后宫中这些女人争风吃醋的事情，你要是想着在皇帝面前告状，第一个被斥责的就是你自己！

再有，如若你是个受宠的嫔妃，那还好，宫里面缺点什么了，每个月的份例银子，这些东西都不用你操心，人家内务府总会差太监提前就给你准备好了送来。水果拣着最新鲜的孝敬你，花朵拣着开得最艳的送到你宫里，外面进供的绫罗绸缎，你得的也是最喜欢的颜色。

相反，你要是得罪了皇帝，遭到贬斥了，那日子就完全是另一个极端了。别说送什么鲜花水果，就连这冬天必然要烧的炭火也未必能按分量给你。衣服总是短缺的，茶也是最差的，可能连饭菜都是凉的或馊

的。特别是你曾经无视过的太监，即便那个时候忍气吞声地捧着你，现在也会变了一张脸，变着法儿地折磨你。

你要说这些太监也太势利了，反正是做事情，大家抬头不见低头见，何必这样呢？这你就是有些强人所难了。你知道，这太监是属于身体有残疾的人，而且这个残疾还不是缺胳膊少腿那样的，而是永远丧失了做男人的权力以及男人能够拥有的一切。

在我们的传统理念里，"不孝有三，无后为大"，做了太监的人，家里人是非常羞愧的，走到哪里都觉得抬不起头来，且太监死后，不能入祖坟，只能随便找个地方埋葬了。这对于他们来说，都是无法言喻的耻辱和苦楚。

心里本就有这些苦压抑着，可在宫里干活儿，到处都要看人脸色，一个不小心，就连命都丢了。且清宫中有规定，要是太监和宫女"狭路相逢"，太监就得驻足，站到一边儿让宫女们先走。这绝对不是说清朝讲究男女平等或者女士优先什么的，而是太监的地位实在是连宫女都不如。在这样的环境中生活，真可谓苦上加苦。

如此压抑的一类人，一旦手中有了芝麻大小的权力，就可能会立刻翻起浪来，用我们今天的话说就是有点"变态"。可人性都早已被扭曲了，变态也是可以理解的。因此这一类人通常都有性格古怪、喜怒无常、心胸狭窄、睚眦必报的特点。背地里整人最是厉害，令你防不胜防，而且无常性也导致他们最会溜须拍马，见风使舵，拜高踩低，一副十足的奴才相。

第九章 潜规则这种东西，从来没有消失过

尽管清朝是对太监势力控制得最好的朝代，但到了清朝晚期，这一股力量又重新抬头了。比如三大著名太监安德海、李莲英和小德张，都是因为极端晓得溜须拍马，攀附上了慈禧，才得以飞黄腾达的。到了这个年代，太监这类人又重新成了"千万得罪不得"的代表人物。现举一两个事例供主子们开心之余，也希望主子们能够了解这一类人的做事风格，"宁得罪君子，不得罪小人"哪。

咱不妨就说说这小德张的发迹史吧。关于他怎么入宫的，咱就不详细描述了，反正有一样是肯定的，那就是已经成为阉人了。小德张进宫后，跟着茶坊的师傅哈哈李学习。这位师傅除了没多大本事之外，最大的能耐就是自以为是，爱折磨人了。跟了一年，小德张觉得前途未卜，干脆跳起来反抗，处处跟师傅对着干，终于被发配到了升平署。

这个升平署实际就是学戏的地方，太监们负责演，皇帝和后宫家眷们就负责看。在宫里混迹了一年多，小德张也弄明白点门道了，在升平署虽然苦，可是有机会见到宫里的大人物，也许能瞅着机会攀附上哪位呢。

肯吃苦，又肯用心，小德张终于引起了慈禧太后的注意，在二十二岁的时候，当上了后宫太监回事。这下，小德张有机会接触更多的宫中事务了，也弄明白了一点，虽然皇帝高高坐在龙椅上，但实际上这天下是慈禧的天下，只有紧跟着老佛爷这条路，才能保太平富贵。

当然，小德张做得最成功的与政治有关的事情，就是做往来光绪帝和慈禧太后之间的信使了。通常，光绪阅完的奏章必须交到慈禧那里

去批阅，没有慈禧的话，光绪是不敢擅自做决定的。于是每天的程序是这样，光绪帝看完奏章之后，由小德张传到慈禧那里，并跪在慈禧面前回话。

慈禧不会对太监们说有关奏折上的事情，但她每每都要问小德张，比如皇帝吃饭没有，皇帝在干什么这种看似无关紧要的问题。但回答的人就要懂得相当的技巧了，否则很可能招来杀身之祸，特别是面对慈禧这种心狠手辣的变态老女人。

在这一点上，就不得不赞扬一下小德张的机敏和他与李莲英配合的默契了。小德张回话，只能俯首帖耳，不能抬起头来看慈禧的脸色，否则就会被视为大不敬（为此是死过很多人的），于是他便偷瞄李莲英的脸色，李莲英嘴角微微上扬，这就代表此时小德张说的话说对了，如若李莲英有些蹙眉，小德张就得赶紧把话题绕开。当然，这些还得全凭小德张的悟性，自己揣摩着哪些话该说哪些话不该说。

事实证明，伺候在慈禧身边是非常不容易的，这位喜怒无常的老太太即便垂帘听政几十年，居然还耿耿于怀当年和短命的老公未能举行过大婚这种实在不知道该怎么去计较的事情。可想而知她是多么心胸狭窄，却又极端要面子的一个人。死在她"不高兴游戏"下的人不计其数，但如若能够摸准她的心思，伺候得她高兴，便是一条发大财的捷径。你看李莲英在慈禧身边伺候几十年，在外面高宅大院不说，还在京城周围置下了无数地产，家里的宝贝无数，甚至超过了那些皇亲国戚。娶了好几房太太，虽然生不出什么孩子吧，但领养了一些，满足了他成

第九章　潜规则这种东西，从来没有消失过

为正常男人的奢求。

作为这样权势熏天的太监，你敢得罪吗？他们在皇太后面前不但懂得怎么说话，还懂得如何把自己的意思潜移默化地"植入"进去，如果他们想坑你，那不是一坑一个准？

第十章 不按规矩来你就死定了

话说有一次，慈禧老佛爷闲来无事拉了泡屎，忽然心血来潮，非得让一位老太监吃了它。人人都觉得这是奇耻大辱，但人家慈禧兴致高昂，谁也不敢说什么，倒霉的老太监只得低着头吃了那泡屎。这事儿让光绪知道了，光绪皇帝有些听不下去，咕哝了一句，"宫里头没有这样的规矩"。而这话又传到了慈禧耳朵里，慈禧当下就不高兴了，一拍桌子说道："我就是规矩！"于是，这紫禁城中的规矩就大抵定下来了。

宫规典制放在那里，条条框框十分拘人，然而真正说的算的还是主子。即便主子没按照那宫规来，也会有无数人绞尽脑汁为主子寻开脱的办法。所以啊，把那本"宫廷手册"背得滚瓜烂熟不一定能保一世太平，倒不如知道谁说得算，知道说得算的那个人的心思来得安全些。

第十章 不按规矩来你就死定了

早请示晚汇报，中午还得来陪聊 | 请安制度

"普天之下，莫非王土，率土之滨，莫非王臣。"在皇权高度集中的清代，等级制度森严到了不通人情的地步。别以为进了宫，选了秀，做了皇帝的老婆就能过上一人之下万人之上的清闲生活。别说一般的妃嫔了，就算皇帝大开宫门正式迎娶回来的皇后，那也只是个当家媳妇罢了，头上还有皇帝、皇太后、皇太妃这三座大山呢。

按照贤妻美妾的要求，一般妃嫔品德无大错就行了，闲暇之余只需要穿衣打扮或是看戏养狗或是书画自娱，还能自得其乐，但如果是皇后，要求就高了很多，首先你必须品德高尚，对皇帝、皇太后、皇太妃恭敬，做到母仪天下；然后你还必须贤惠，照顾好皇帝的老妈和大小老婆，管理好后宫的太监宫女，不能争风吃醋，不能玩忽职守；最后你还得应酬，时不时地接见臣子的老妈和老婆，帮你的皇帝老公做公关。唉，怎一个辛苦了得！

看到这儿，你就开始琢磨了，既然皇后那么辛苦，我干脆就别做皇后了，做个宠妃行不行？那么，在皇宫里，只有皇帝的宠爱就能过上呼风唤雨的好日子了吗？你又错了。皇后对皇帝来说，还能算是帝国高级CEO，勉强称得上夫妻一体，而其他妃嫔呢，对皇帝来说就只是传宗接代

的工具，或是书桌上的一个摆件，房间里的一个花瓶这类装饰品而已。

帝王心，海底针。后宫三千佳丽，每三年皇帝就能挑选一大群年轻貌美的秀女进宫，你又凭什么能得到皇帝长久的宠爱呢？以色侍人者，色衰而爱弛啊！

什么？你不相信？清代皇帝都是痴情种子？《甄嬛传》、《步步惊心》、《孝庄秘史》不都这么说嘛。哎，你可别清穿剧、清穿小说看多了，就把影视作品当成历史了啊。你该读一读清代的《后妃传》，看看写进史书的有名有姓的妃嫔有几个，再看看她们得以安享晚年的又有几个，然后你就会明白了，历史比小说要残酷一百倍。

那些得到皇帝宠爱的妃嫔，没有哪个有好下场。顺治是有名的痴情皇帝，据说他独宠董鄂妃，结果呢？董鄂妃生的儿子只活了三个月，她自己也是年纪轻轻就死了，就算顺治为她哀痛而死，但人都死了，一切成空，也只是后人留下一些谈资而已。

光绪皇帝最宠爱珍妃，结果呢？堂堂一国之君连心爱的女子都护不住，慈禧太后一道圣旨，就让珍妃做了井底亡魂，何其凄惨！

那到底要怎样才能安安稳稳地在皇宫里活下去呢？说简单也简单，说不简单也不简单，就两个字：规矩。

清朝的皇族——满族在还没有建立清朝的时候，就有特别尊重长辈的好习惯，等入了关，做了皇帝，这尊敬长辈的习惯受到中原礼教的影响，就演变成了更加苛刻的长幼关系和更加森严的等级制度。

就拿皇帝来说，康熙是一位特别勤勉的皇帝，每天凌晨四点起床，

第十章　不按规矩来你就死定了

做的第一件工作就是到皇太后的宫殿外面请安。想想看，连皇帝都得对皇太后毕恭毕敬，身为皇帝的老婆，是不是该对婆母更加恭敬呢？

所以，清代的妃嫔，包括皇后，尽管每天都无所事事，但作息时间还得向皇帝靠拢。康熙皇帝是个非常勤勉的皇帝，对自己要求很高，每天早睡早起。晚上六七点钟，皇帝准备睡了，尽管你还一点都不困，也得赶紧洗洗睡了，不然你房间的灯火万一影响到万岁爷的休息怎么办？每天凌晨四五点，皇帝就准备起床上朝了，皇宫里最大的BOSS都不能睡懒觉，你当然也必须梳洗打扮，穿得整整齐齐地在自己的屋子里面待着。如果是没品级的宫女，你必须比主子起得更早，如果是有品级的妃嫔，你还得赶紧洗漱完毕，到皇后的宫殿外面待着，等着跟皇后一起去皇太后的宫殿请安。

皇后和皇太后可能不会注意到宫妃迟到与否，但广大妃嫔群众的眼睛是雪亮的啊，把你PK下去，跟大家竞争皇帝的人不就又少了一个嘛，这种让人喜闻乐见的事儿，怎么能放过呢。所以，迟到的后果，呵呵，葬送的就是你的前程，因为你没有规矩，不敬重长辈啊！

皇太后差不多就算是后宫最尊贵的女人了，她不慌不忙地起床梳洗，用过早饭，然后才接见儿子花枝招展的后宫妃嫔。当然，只有地位高的皇后、皇贵妃等才有这份荣耀陪着皇太后说话聊天，一般的妃嫔就只能站在大殿里，听她们讲话。皇太后有心情聊天，就让大家多待一会儿；要是皇太后要礼佛，不想跟人聊天，就会吩咐身边的大宫女，让大家都回去吧。

皇太后发了话，皇后就得听从，于是又带着大家回自己的宫殿。妃嫔们都得听皇后安排，或是回自己的屋子里去，或是留下陪皇后说话。一上午也就过去了。

到了下午，多半是妃嫔自行安排时间。喜欢热闹的，可以看宫女太监们逗猫狗鸟这些宠物玩，或是到其他妃嫔处聊天。喜欢安静的，就在自己的屋子里绣绣花，写写字，或是到小佛堂礼佛。日复一日，年复一年，直到红颜老去。

很难说这样的生活是幸还是不幸，因为不单是皇宫，在清朝，就是一般官宦家庭也有早晚到父母房里请安的规矩，叫作"晨昏定省"，也就是说早上和晚上定时到父母房里问安，看看长辈的身体如何，心情好不好之类。当然一家之主肯定忙于工作，侍候长辈的工作主要是交给家里的女主人来做的。具体怎么侍候呢？一般就是早晚请安、侍候长辈用餐、照顾生病的长辈等等，如果做了管家的主妇，还得处理家务事，管理仆役，管理家产和人情往来等等。

刚进门的新媳妇，必须每天到婆婆房里问安，侍候婆婆一日三餐。就是婆婆准备吃饭了，你得摆筷子，拿碗；婆婆坐着吃饭，你站在旁边给她夹菜；婆婆吃完了，你才能到偏房去吃两口剩菜剩饭。如果家里有小姑子，你还得侍候小姑子，小姑子享受跟婆婆一样的待遇。

如果婆婆心好，让你侍候个一年半载，也就不要求你天天都这样了，也会叫你坐下吃饭，让丫头们侍候着。

如果婆婆对你不满意，那就比较凄惨了。一日三餐让你站着侍候，还能叫你从早到晚都做丫头的事儿,根本不让你有时间跟老公在一起。三个月或是半年一过,还要嫌弃你没为婆家开枝散叶,要么把你赶回家,要么送一大群小老婆给你老公使唤。

这一般人家其实也就是皇宫生活的简化版,一般人家里的媳妇日子都不好过,就更别说情况复杂了一千倍的宫廷妃嫔了。

老妈,我想你了 | 家人入宫觐见的规矩和程序

好不容易挤过了选秀这一关,你终于能把户口落到紫禁城了,唉,真是不容易啊!不过,这还只是漫长宫廷生活的开始而已,除了少数后台硬、背景深的姐们儿能够成为有位分的妃嫔外,大多数入选的人只能从答应、常在这种最低等的宫妃做起。

最尊贵的皇后只有一个名额,次一等的皇贵妃也只有一个名额,第三等的贵妃有两个名额,第四等的妃有四个名额,第五等的嫔有六个名额,混到嫔以上,才能算是皇宫里有名有姓的人物。嫔以下,还有贵人、常在、答应等不限名额的宫妃,说起来也是皇帝后宫中的一员,但拿到一般官宦家庭来看,最多就是个通房丫头的地位,勉强能在宫廷里保留一个姓氏,如果姓苏,就称苏答应,如果姓陈就叫陈常在。

别以为后妃有等级就有爬上去的机会,这可不是有功劳就能得到晋升的职场,不少嫔以下的女子一辈子都没得到晋级的机会。都说"一入

侯门深似海"，那进了比侯门更高级的宫门，个中滋味，就只能如人饮水，冷暖自知啦。

皇宫这个地方，往大了说，那是国家的重地，皇族的荣耀，皇权的象征；往小了说，它也不过就是四四方方一座城，住着皇帝一家人罢了。当然，作为至高无上的皇权的象征，皇帝的家庭没有家事，家事也是国事。因此，皇室家庭的任何一项活动都必须严格按照规矩执行，行走坐卧都有规范，稍有不慎，就可能惹上麻烦。

进宫之前，可能你已经接受过嬷嬷们的教导，但当真正站在那狭窄的庭院中，你才会对规矩这个词有最深刻的体会。清代规定八旗女子必须经过选秀，皇亲国戚的妻妾都由皇帝亲自指派，在这样的环境下，八旗家庭特别重视对女孩子的教养，没有选秀之前，谁也不敢说自家的女儿就做不得皇后皇妃，没有母仪天下的机会。为此，清代明确规定，八旗没选秀的女孩子不用对家里的任何长辈或是其他什么人行跪拜大礼，八旗贵族少女和平民少女之间也没有特别大的等级差异。

但是选秀之后，秀女们的地位在一瞬间就拉开巨大的差距，再也不是家人捧在手心里的明珠宝贝。上有皇帝、太后、太妃压制，中有妃嫔争宠，下有太监宫女阳奉阴违，每一步都让人惊心不已。受了委屈怎么办？哭着喊着"老妈，我想你了，我想回家"，有用吗？

没用！

如果是民间的女子，嫁人之后，如果娘家离得近，那一辈子还是有不少机会能回家探望父母的，但嫁给了皇帝，那情况就大不相同了。

第十章　不按规矩来你就死定了

规章制度里边写着呢！清清楚楚！《清宫史·宫规》规定："凡秀女入宫，有名号者，父母年老，特旨许会亲，一年或数月，许本生父母入宫，家下妇女不许随入，其余亲戚不许入宫。"

看着还不错吧？每隔一年或是几个月，亲生父母还能到宫廷里来探望。但是，你注意到了吗？有名号的秀女才有这项殊荣，至于那些没名号的呢？还有，得到皇帝特许的才能见亲人，那没得到皇帝特许的呢？就只能"呵呵"了，一入宫门深似海，从此家人是路人啊。

你或许会惊讶，怎么可能呢？《红楼梦》里面不是还写了元妃省亲的章节吗？皇帝还特意下令让荣国府修葺园林，迎接元妃回家呢。虽然只在大观园里面待了几个小时，但好歹还是算回家探过亲了吧？而且《红楼梦》里面不是还写过王夫人和贾母到皇宫里探望元春的吗？作为清朝人的曹雪芹应该不至于搞不懂宫廷规矩吧？

面对这种疑问，我们只能回答说，小说毕竟是小说啊！源于生活却高于生活。人家曹雪芹在写《红楼梦》的时候，也没有指天咒地地说，我就是写的本朝皇帝啊。你还记得么？《红楼梦》的开头可不是清代怎么怎么的，而是"不知哪朝哪代"啊。而且，在清代这个大搞文字狱的朝代，我想，曹雪芹先生恐怕也没那么大的胆子，敢把真人真事一一写出来。最多只能借元妃的话传达一言半语宫廷生活的不容易。

元妃省亲，人还没到，全家老小就穿着大礼服列队等候了，等见了面，就连她的亲奶奶和亲生父母都必须对她行跪拜大礼。元妃本人更是哭泣着抱怨家人的狠心，把她送进了皇宫那个见不得人的地方，何等悲伤可怜啊!

事实上,在清代,按照《宫内现行则例》和《钦定国朝宫史》中的有关规定,"内廷等位父母年老,奉特旨许入宫中会亲者,或一年或数月,许本生父母入宫,家下妇女不许随入、其余外戚一概不许入宫"。

也就是说,想要见到父母,你必须具备以下两个条件:第一,你的等级在嫔以上,并且有自己的封号,如"德妃"或是"珍妃"等;第二,你还得向皇帝本人请求,得到皇帝特批,"某某妃怀上龙种,或是父母年老,思念父母,特许其亲生父母进宫"。二者缺一不可。

就算父母得到特批,进了皇宫,还非常荣幸地领到了紫禁城暂住证,没错,你的人品特别好,皇帝特批让你的父母照顾你三个月。哎哟,你开心的呀,马上就想指挥着太监宫女打扫房间,安置父母。没想到身边的嬷嬷立刻就阻止你:"这紫禁城啊,能住的,就只能是皇家人,你现在是皇帝的老婆了,住紫禁城是必须的。但你的父母可就没这个资格了,紫禁城里,你还不能当家做主呢。你看啊,紫禁城东北角有个两进的小院子,那就是万岁爷给妃子们探亲的父母准备的呢。"

原来,父母探亲能住的地方不是自己隔壁房间,而是隔了大半个紫禁城的一个旮旯啊。这进了宫,还得遵守宫里的规矩,见到这个要行礼,见到那位还得磕头。父母难受,你更难受,这还不如在家当老爷太太呢。好不容易熬过了三个月,以后你还想见父母?算了吧,老人家操心了一辈子,也该在家安享晚年啦。

清朝对后妃与家人的见面控制得非常严格,出宫是行不通了,就是

第十章 不按规矩来你就死定了

常常请求父母来看自己也不容易。但实在想念家人了怎么办？

别急啊，上有政策，咱下有对策嘛。宫规也不是那么不讲情面，它还为广大思念家人的妃嫔提供了另外一种方法，"每遇年节或家中偶有事故，太监、宫女首领可奉主命前往外家探慰"，这就是说啊，逢年过节或是遇到家里有事儿了，你可以派你的大太监、大宫女出宫探望家人，让太监宫女帮你看看父母身体如何，兄弟孝顺与否。不过，你还得谨慎，因为规定还说了，"严禁宣传内外一切事情"，啥意思？你可千万别让太监宫女传话，说万岁爷怎么怎么啦，太后娘娘又怎么怎么啦，这宫廷里的事儿，一旦传出去，那就得从重治罪，全家受罚啊。

看到这儿你松了口气："幸好我没说万岁爷，我就只想问问老爸升官了没有。我们家那个世仇是不是已经被干掉了。"唉，别呀，这话一问，也犯忌讳啦！后妃不得干政，你问那么多，是几个意思？避嫌，避嫌最重要啊。你可能只是关心家人，但皇帝却可能认为你就是想借机会吹枕头风，好干涉朝廷大事，那不是找虐嘛。进了宫，就得谨言慎行，不作死就不会死啊。

什么？你还想见见父母以外的其他人。唉，或许有缘还能梦里相见吧！

不如印个宣传册，每个宫里发几本 | 宫规典制

俗话说得好，"无规矩不成方圆"。现代管理学认为，任何时候

用制度来管人都是最科学高效的。作为一个国家的最高管理者，清朝皇帝对后宫内院的管理也自有一套规范。这偌大的紫禁城里，生活着数千人，除了皇帝本人，还有妃嫔、先帝妃嫔、皇子皇女和他们的宫女、太监、保姆等等。如果没有一套行之有效的管理规范，很容易发生一些皇帝本人不愿意见到的事情。

在清朝建立之初，作为游牧民族的满族还没有一套比较系统的管理规定。很多宫廷规章制度都只是依照皇帝的命令和先代的习惯，换句话说，这时候的宫廷规范那就是皇帝说了算和老祖宗的规矩说了算。如果你不幸穿越到乾隆当政之前的时候，那就只好夹着尾巴做人，自个儿摸着石头过河吧，皇帝自己还找不到一个规章制度来给你解释呢。一切都只能靠自己摸索，虚心向所有年长的太后、太妃、宫女、嬷嬷请教，小心察言观色才能避免犯错受处罚。

这没个制度就是让人感觉不踏实，要是遇到皇帝不想管或是老祖宗也没遇到的事儿，就难免让人犯难。为了解决管理上的问题，提高统治水平，有钱有闲还爱管事儿的乾隆皇帝就出台了《钦定宫中现行则例》，专门为紫禁城的管理确定了规范。上至皇太后，下至小太监，都必须得按照规定办事。如果你穿越到了乾隆皇帝这本宫规出台以后，那就是大大的好运啦，至少能明确的知道什么是能做的，什么是万万不能做的了。

这本宫规唯一的例外仍然是皇帝本人，他就算做了出格的事儿，大家也得特事特办。谁让你身处这个"普天之下莫非王土"的封建时代

第十章　不按规矩来你就死定了

呢？谦逊点说，那就是天老大，皇帝排第二，皇权集中到顶峰，谁敢去给皇帝定规矩啊？所以，乾隆皇帝出台政策，可不单单只是为了管理后宫而已，他这还是为了维护他的皇权。这特权阶级就是让人不平衡啊！

想要在后宫里混得好，熟读《则例》是前提，咱们一起来深入学习一下吧。简单来说，这本书分为名号、玉牒、礼仪、宴仪、册宝、典故、服色、宫规、宫分、铺宫、遇喜、安设、进春、谢恩、钱粮、岁修、处分、太监共十八大类，一一规定了后宫妃嫔、太监宫女的衣食住行的安置、宫廷宴会的礼仪、赏罚制度等等。具体到内容上，这十八类也可以简单整合成四种规定：

一是规定后宫妃嫔、宫女太监待遇的。比如《则例》中明确规定，皇太后、太皇太后居住在慈宁宫、宁寿宫，而太妃就陪她们住在这两大宫殿群里面。册立皇后和妃嫔的时候，由内务府颁发金宝、金册，如果你有幸做了皇后，单有皇帝的旨意还不够，还得拿到刻着"皇后之宝"的金宝，以及写明你身份和美德，任命你做皇后的金册。这些其实没什么用处，但就相当于你在皇室的身份证，意思就是你能持证上岗了。

看着手中的"皇后之宝"，你心里美极了，觉得自己能在后宫翻云覆雨了。但是且慢，虽然《则例》里面说了，皇后主管内治，妃嫔辅助皇后内治，贵人以下修内职，但并没有内治和内职的具体内容。这就等同于一个空头支票。皇帝说，皇后，我的后宫都归你管。但实际上，他一句让你怎么管的话都没说。

真正管理内宫事务的另有其人，一个是管理皇族事务的，就是大名鼎鼎的内务府，上到皇帝的小金库，皇帝、皇子、公主结婚的礼仪，下到为皇室养猫养狗养宠物的机构，都归它管。内务府的一切人员都专门为皇室服务，一切以皇帝个人生活需要为中心，足足有五十多个分支机构，是六部官吏人数的两倍之多，由此可见皇帝生活的奢华。另一个是专门管理后宫事务的，叫作敬事房。上到皇帝晚上跟哪个妃子睡觉，下到太监宫女的分配处罚，都是人家敬事房的事儿。

看着这规定，你没被郁闷到吧？既然都做到皇后的位置上了，你不妨看开一点，这些小事，谁爱管谁管去，你呢，好好地端坐在宝座上，逢年过节接受妃嫔们的朝贺就行啦。

虽然不能手握大权、翻云覆雨，但皇后的待遇也不是吹的，《则例》规定了，你每年能拿到一千两白银当零花，还有上百匹各色绸缎、皮毛、金银器皿等等不一而足，单是每天的日用，就能领到鸡鸭各一只、猪肉二十五斤、羊肉一盘、新鲜蔬菜二十五斤、各种米面干果数十斤，衣食无忧啊！除此之外，你生了皇子，还能拿到一千两白银和三百匹各种布料，生了公主，赏银和布料减半。如果你只求荣华富贵，那做皇后简直是一本万利，要知道，当时的普通官员一年才只能拿到三十两银子和十五石米呢。《红楼梦》里面刘姥姥说的，庄户人家一年二十两银子就能过得非常好啦。

再看看第二大类的宫规，主要是规定后宫礼节的，比如皇后和妃嫔的生日怎么过，哪些人能来祝贺，有多少礼金，秀女怎么选，怎么祭神、祭灶之类。这里面也是水很深，一个生日的称呼就能体现出阶级差

第十章 不按规矩来你就死定了

距。皇后和妃子的生日叫作"千秋",嫔的生日就只能叫"寿辰",贵人的生日叫"生辰",常在叫"生日",常在以下就没有称呼了,更别妄想收到法定的生日礼物。有几个交好的妃嫔送点手帕荷包什么的,也算过了生日。可皇后就不一样了,能收到法定的六两金子,九百两银子,还有六十多匹不同布料。这就是人比人,气死人。

第三大类规定是对宫殿的维护和装饰管理。比如说,每年什么时候设置天灯和万寿灯,什么时候挂门神,什么时候清理花园、水沟、做大扫除,等等。

第四大类是对太监宫女职责职能的确定和处罚管理规定。如果你不小心穿越成宫女,请务必早晚诵读《则例》,拿出高考的劲头来深入学习啊!可别小看这些管理制度,做错了哪点可都不是好玩的,别以为太监、宫女是员工,皇帝就是总裁。在这紫禁城里,做错事的下场非常悲惨,就连皇后也有被打入冷宫凄惨死去的,更别说下层的太监、宫女了。宫女讲话的声音大了,要受罚;做事让主子看不顺眼了,也要受罚。甚至觉得活着太艰难了,一心求死,还得受罚。《则例》规定,太监宫女如果在宫里用利器自杀,要被砍头;如果上吊自杀没死成的,还要被绞死。连死都不能自主,实在凄凉。这人往高处走,水往低处流,也就难怪有姿色的宫女都盼望着巴结上皇帝,一步一步往上爬了。

人家的珠翠好看,你也想要?对不起,你还不够格儿 | 国库中的宝贝和赏赐对象

在任何时候,女人都很难抵抗来自珠宝首饰的诱惑。作为大清朝最集中的女性聚居地,恐怕还真找不到一个比清朝宫廷女性更热衷于珠宝首饰的地方。不管是出于什么目的来到宫廷,你都得直视这样一个惨不忍睹的现实,皇帝只有一个,后宫佳丽却有三千,还不算给佳丽们打杂的宫女。无论你是打算来混碗饭吃的小宫女,还是打算来争宠的妃嫔,这过日子啊,还都离不开衣食住行。这"食"是大锅饭,"住"是领导安排,"行"是自家大院,都不用你操心,也轮不到你操心,所以每天无所事事的你,也就只剩下一个"衣"能用来打发时间了。

都说"一朝天子一朝臣",这穿衣打扮也是一样的,唐朝有唐朝的风格,明朝有明朝的习俗,到了清朝,这风俗习惯也随着统治者的变化而变化了。所以想要做一个走在清朝女性流行服饰前沿的人,就必须得了解一下满族女性的衣着习惯。在清朝入关之前,满族女性就有热爱往头上戴花的习惯,还不是戴一朵两朵,而是戴满头满脑。咳,这形象让你顿时想起来了刘姥姥进大观园时候插的一头鲜花吧?忍住别笑,且听我一一道来。满族长期生活在东北严寒的地方,春夏短暂,秋冬漫

第十章 不按规矩来你就死定了

长,植物都是耐寒林木,颜色鲜艳的花朵特别稀少,长年累月能看到的颜色就是"白山黑水"加上各种绿色,所以满族才特别喜欢各种艳丽的颜色,爱美的女性更喜欢用花期短暂而艳丽的花朵来打扮自己,从二八少女到头发稀疏的老太太都喜欢戴上满头鲜花,甚至还有特别潮的女孩子,直接在头上绑一个花瓶,然后把各种鲜花都插到花瓶上。这新潮的创意,简直完败现代的"非主流"啊。

等清朝入关之后,满族女性的穿着打扮在全国范围内流行起来。清朝初期,国家不富裕,清朝的后妃们还是习惯用鲜花来打扮自己。到了清朝中期,国家稳定发展起来,于是后妃们的头饰也从廉价的鲜花慢慢向华贵的珠花过渡。来自云南的翡翠象牙、来自和田的玉石、来自东北的珍珠甚至来自海外的有色宝石源源不断地进入宫廷,它们经过宫廷御用的首饰作坊——宫廷造办处的巧手匠人,被制作成种类繁多、样式精美的各种珠宝首饰,然后摆在妃嫔们的梳妆台上。

造办处按照工艺被分为撒花作、累丝作、玉作、牙作、珐琅作等十几种不同的手工作坊,承揽整个清朝宫廷的御用物品制作,工艺高超,精美绝伦,留下不少传世精品。直到今天,我们还能从故宫博物院里面看到曾经盛极一时的封建王朝顶级手工艺制作的成果。

怎么样?去故宫博物院溜达了一圈眼红了?就说没有哪个女人能抵抗顶级珠宝首饰的诱惑。不过,你也别看着这件累丝金凤朝冠流口水了,它真不是一般妃嫔能戴的。这清宫里边,不但人是要分等级的,就连这金银珠宝,也不是你想戴就能戴的,它也有三六九等呢。你看看这件貂皮嵌珠东朝冠，它顶上三层，最上边是一颗大东珠，这可是从满族发源地——东三省采来的好东西，又大又圆又亮，有拇指那么大一颗，无价之宝啊！大东珠下边是三只金累丝凤，也用东珠分隔开，别小看这累丝凤，顶尖的金匠也得花一两个月才能做出一只来呢，工艺复杂，几乎都已经失传了，到了近代才被工艺大师们逐渐找了回来。朝冠的主体上还有七只累丝金凤，装饰着珍珠和猫眼石，朝冠后面还有青金石、珍珠、金累丝、珊瑚做成的坠角，套句流行话，那就是看一眼就知道什么叫作"高端大气上档次"了。这有着三层顶和七只金凤的朝冠，是皇后和贵妃才有资格戴的。

看过《宫锁心计》的你若是幻想能像晴川一样，穿越成小宫女还能打扮得花枝招展吸引皇子的注意，那我可得提醒你了，现实和幻想总是有差距的。

我这儿有《宫女往谈录》中老宫女的真实回忆："我们宫女不许描眉画鬓，也不穿大红大绿，一年四季各发一套衣裳，春夏是绿色，有淡绿、深绿、老绿，秋冬是紫褐色，只有万寿日和正月能穿红色的衣服。"至于服饰打扮，宫女们都梳一条大辫子，绑着头绳。在宫廷重大节日庆典的时候，也能梳一个满族的两把头，不过不能装饰金银珠宝首饰，只能戴规定的鲜花。

若是你有幸做了皇太后、皇后身边最亲信的大宫女，你这才能打扮得精致一些，穿点好看的颜色。慈禧太后的贴身宫女在正月初二就曾经做过这样的打扮，紫红色春绸丝绵的棉袄，装饰着青缎子沿边、金线的

第十章 不按规矩来你就死定了

绦子；葱心绿的背心，装饰着万字不到头的绦子、蝴蝶式青绒纽襻、精致的铜纽扣；最重要的是，可以穿绣着五福捧寿的鞋子，只有慈禧太后亲近的人才能穿，走到哪儿都受人追捧。

看来宫女的日子是不怎么好过的，那么后宫妃嫔是不是会好很多呢？毕竟宫女是仆从，妃嫔好歹是半个主人嘛。按照《大清会典》的记载，我们可以看到一个用服饰来区分的等级层次，皇太后和皇后的朝冠分三层顶，装饰七只金凤，妃嫔就要降低一个档次，只能用两层顶和五只金凤了。皇太后皇后的饰品和衣物可以用大面积的明黄色，贵妃和妃子能用少一些的金黄色或红色，而品级更低的嫔甚至都不能用黄色，只能用嵌金边的青色蓝色等暗淡的颜色，贵人答应的穿着，也就只比宫女好一点点而已。

此外，清朝宫廷还实行统一管理，上至皇太后，下至宫女，都拿着固定工资，也就是宫中份例，简称"宫分"。皇太后的宫分等级当然是最高的，据说她每年能领到固定的金二十两，银两千两，蟒缎两匹，补缎两匹，织金两匹，妆缎两匹，倭缎四匹，闪缎一匹，金字缎两匹，云缎七匹，衣素缎四匹，蓝素缎两匹，帽缎两匹，杨缎六匹，宫绸两匹，潞绸四匹，纱八匹，里纱十匹，纺纱十匹，杭细十匹，绵绸十匹，高丽布十匹，三线布五匹，毛青布四十匹，粗布五匹，金线二十绺，绒十斤，棉线六斤，木棉四十斤，二号银钮二百，三号银钮二百，二等貂皮十张，三等貂皮二十张，五等貂皮七十张，里貂皮十二张，海龙皮十二张。每天还能领到丰富的日用品，猪一只，羊、鸡、鸭各一只，新粳米两升，黄老米一升五合，高丽江米三升，粳米粉三斤，白面五十一斤，荞麦面、麦子粉各一斤，豌豆三合，芝麻一合五勺，白糖二斤一两五钱，盆糖八两，蜂蜜八两等等，确实非常奢侈，令人眼热啊！

如果这位皇太后恰好是一位福气好，皇帝儿子孝顺的皇太后，比如乾隆皇帝的老妈，在她过六十大寿的时候，乾隆皇帝不单为她大办宫宴，还送上各种珍贵的礼物，包括众多精美的首饰，其中发簪就有上百支，什么事事如意簪、梅英采胜簪、景福长绵簪等等。

如果你没有一个争气的皇帝儿子，自己做了总揽大权的垂帘皇太后，比如慈禧太后，也是能过上让人羡慕的奢华生活。慈禧太后最爱颜色艳丽的饰品，她堪称宫廷时尚大师，设计的大拉翅可以装饰数十种不同的发簪、发钗、扁方、头花、头箍、流苏，奢华异常。

如果你实在混不到皇太后这种位置，那就只好接受宫规的约束了，可千万别想着标新立异来博出位。光绪皇帝非常宠爱珍妃，珍妃年轻貌美，喜欢打扮，经常穿一些创新款式，以至于触怒了慈禧老太后。慈禧太后直接下旨把珍妃连降两级，降成珍贵人，并要求她按照宫内规矩穿戴，不准违例。这样的悲剧你可千万要引以为鉴啊！

综上所述，我们来总结一下清代宫妃们的首饰来源。其一，按规矩发放的，也就是宫分啦。这个是拼等级，等级越高，首饰就越丰富，越珍贵。为了美美的首饰，请务必力争上游啊！

其二，上司赏赐。你给皇帝生了儿子，他一高兴，赏赐你珠宝。皇帝一赏赐，后宫的高位妃嫔也都得有表示吧。所以多生孩子，尤其是多生儿子,也是招财进宝的好手段。

其三,下级供奉。如果你做了皇太后,那你过生日的时候,不单儿子会送礼,臣子也会送礼,真是收礼收到手抽筋啊。这一点也是要努力求上进才能得到的哦。

其四,自己给自己的。人与其他生物的差别就是有欲望,有主观能动性,也有手段去获取自己想要得到的东西。如果你能做到宠冠后宫或是垂帘听政,那什么宝贝还不是手到擒来?不过,我也得把丑话说在前头,此路有风险,前进需谨慎!也不是每个女人都是杨贵妃、武则天或是慈禧太后,你看杨贵妃不也被赐死马嵬坡,武则天和慈禧太后都负面评价缠身吗?

主子你说啥就是啥呗,你就不能原谅我一次吗 | 大不敬之罪

如果你仔细阅读,就会发现咱们曾多次提到一个"大不敬之罪",这个罪名如此普遍又如此容易触犯,究竟是个什么罪呢?

所谓大不敬之罪,是清朝的"十大罪行"之一,不过这个罪行又是十大罪行中最独特的一个,因为根本没有明文规定,什么是敬,什么是不敬,实际上大部分的定罪由主子个人喜好来判断。意思就是,如果主子认为你大不敬了,那你就算说破大天去,也是说不清楚。而且这大不敬之罪的惩罚方式也没有明确的规定,依然是主子说了算,轻则罚俸、

降级，重则打入冷宫或者一个死，这也是因人而异的。比如这慈禧太后就经常因为大不敬之罪惩罚别人。

有一次，慈禧命一个小太监陪自己下象棋打发时间，下着下着，小太监一高兴，竟然忘记了忌讳，随口就说了一句："奴才杀老佛爷一匹马。"这一下，可惹恼了喜怒无常的老佛爷慈禧，她愤怒地回应了一句："我杀你全家！"

于是，这个小太监就被拖出去活活打死了，这还不算完，要不是慈禧老太太喝了口茶舒缓了一下情绪，估计这小太监全家都得被翻出来弄死。

同样是这位慈禧老佛爷，规矩多了去了。她年纪轻轻老公就死了，然后又张罗着儿子的皇位，最后又操心着侄子的皇位，反正整天就动着脑筋想着事情，真是耗费了大量的脑细胞，人也显得有些苍老，尤其这眼角的皱纹，那真是用什么高档化妆品都掩饰不住的。

于是，爱美的慈禧特别避讳有人盯着她的脸看。这不，又有不懂事的小太监撞到了枪口上，回话时抬头瞅了她老人家一眼。这一眼真就是小太监在这世界上看到的最后一眼了，因为马上他就被拖出去杖毙了。从这以后，谁都不敢正眼去看慈禧一眼。有的人在宫里头伺候很多年，常常出入慈禧的住处，可最后都不知道慈禧究竟长什么模样，看来慈禧老佛爷这神秘性还是保持得非常好的。

以上这两个事例，慈禧都是以大不敬之罪惩罚太监的，可见，你要是犯在一个狠毒的主子手里，那这大不敬可桩桩件件都是个死啊。

第十章　不按规矩来你就死定了

你可能要说了，干嘛净和你说些奴才的事情，咱在这后宫之中是侍奉皇上的，不必像奴才这样谨小慎微吧？

那你就错了，即便侍奉皇上，但你在后宫之中，打交道的多为女人，这其中必然有地位比你高的，要是不小心得罪了，依然会获罪。就算身为皇后也同样有危险。

不信咱就看看这同治帝的孝哲毅皇后阿鲁特氏。说起这位，真心觉得可怜，当初她是慈安皇太后属意的皇后备选人，而慈禧皇太后则看上了另一位女子。这是两宫太后的拉锯，把个同治皇帝夹在中间好不为难。

虽然同治是慈禧的亲生儿子，但显然母子关系并不和睦，在慈禧心中，权势远远比儿子重要。母亲的淡漠儿子当然能感觉到，因此同治自小和皇额娘慈安关系更近。在选皇后时，他也依从了慈安的意见，选择了阿鲁特氏为皇后。

同治死的时候，阿鲁特氏腹中还怀着他的孩子，可是慈禧早就选定了皇位继承人。颇有野心的慈禧当然不甘心等阿鲁特氏诞下皇子，自己放权退居太皇太后去颐养天年，于是封了光绪为皇帝，且处处与阿鲁特氏过不去。

一次，阿鲁特氏照例给慈禧请安，却惹得慈禧不高兴，随便找了个由头便要惩罚阿鲁特氏，命太监过去掌嘴。

要知道，这掌嘴在后宫中那是对女性最低贱的惩罚了，连宫女被掌嘴都会觉得丢人，觉得羞耻，何况堂堂的皇后呢？阿鲁特氏不堪其辱，回嘴道："臣妾就算犯了什么大错，好歹也是从大清门抬进宫里来的啊，请皇太后多少为臣妾留点颜面吧。"这句话，真是触痛了慈禧。前面说过，这位老太太不是一直耿耿于怀，自己没能作为皇后正儿八经地举行个大婚吗？

这阿鲁特氏简直就是赤裸裸的大不敬啊。可是，偏偏慈禧就没有一个光明正大的理由来因这句话惩罚阿鲁特氏，因为人家说得一点儿没错啊，人家就是个正宫皇后，没有人有给她掌嘴的理由和权力。

当然，最后阿鲁特氏还是死了，死得非常无奈。可见在慈禧这里，不管是有理由的大不敬，还是没理由的大不敬，结局统统不妙。

那在这后宫之中，究竟有多少大不敬呢？

咱拣着这"有名有分"的说说。首先，是名字的避讳。这在清朝历史上，也一直是非常注重的事情。皇帝的名字带了什么字，其他人是不能用这个字的，不管是音同还是字同都不行。比如这雍正皇帝名叫爱新觉罗·胤禛。那普天下的人不能以"禛"字为名，也不能以发这个字音的字为名，如果在写东西的时候必须用这个字，也得缺笔少画地去避讳。体现唯皇帝独尊。

所以，你在后宫之中，卖弄你学到的那点诗词曲赋是小事，忘记了避讳，这大不敬之罪很可能会让你株连家人。

其次，是地位尊卑的问题。请安的问题咱们详细说过，姐妹之间碰面该怎么打招呼也交代过。要是不按照这些个规矩来，这地位比你高的人随时随地可以翻脸不认人，就治你个大不敬之罪，你也是有口难言的。因此，规矩时时刻刻要牢记，不管走到哪里，都要提醒自己按规矩

第十章　不按规矩来你就死定了

办事。即便在你和皇后请安之后，皇后装模作样地说："自家姐妹，不用行如此大的礼，妹妹太客气了。"你也只能听听作数，不能当真的，下次请安，该怎么行礼还得怎么行礼，不然，小心皇后坑死你。

再有，就是一个干政的问题了。"后宫不得干政"是大清开国就立下的规矩了。你女人在后宫好吃好喝，生生孩子看看戏就行了，男人的事情，说那么多干什么。可偏偏就有那么些女人，权力欲很重，或者自恃读过几本书，懂得些历史知识，就在皇帝旁边叽叽喳喳给意见。要小心喽！皇帝宠你的时候，你说的话人家会放在心上，你犯的错误，人家不会跟你计较，但他要是不宠你的时候呢？

何况，有皇帝宠爱，自然就有其他人嫉妒。也许你给老公点建议，老公听着豁然开朗，但到了其他嫔妃耳朵里，这就是你实打实的小辫子了，人家倘若揪着不放，告到皇太后和皇后那里，治你个后宫干政的大不敬之罪，皇帝也是无可奈何的。

读者反馈卡

尊敬的读者：

十分感谢您购买本书以及对本公司的大力支持。为能继续提供更符合您要求的优质图书，烦请您抽出点滴时间填写以下调查表并寄回，您的建议与意见将是我们不断前进的动力。我们会定期从有效回执中抽取幸运读者，寄送公司最新出版图书或其他精美礼品。

北京兴盛乐书刊发行有限责任公司

通讯地址：北京市朝阳区小营路10号阳明广场南楼14A
邮政编码：100101
读者QQ群：292306095（兴盛乐书友会）
电子邮件：xslzbs@163.com
公司微博：@兴盛乐文化
公司网址：www.xslbook.net

1. 您了解本书是通过：
   □书店　□网络　□报刊宣传　□朋友推荐

2. 您购得本书的渠道是：
   □新华书店　□网上书城　□民营书店　□超市
   □报刊亭　□其他

3. 您决定购买本书是因为：
   □书名吸引　□内容吸引　□喜欢作者　□偶然购买
   □朋友推荐　□其他

4. 您觉得本书的优点有：
   □文笔好　□内容好　□封面漂亮　□排版舒服
   □价格合理　□手感好　□其他

5. 您会向他人推荐或者谈论这本书吗？
   □会　□不会　□偶尔会　□看看再决定　□其他

6. 了解本书之后，您会关注或购买公司其他图书吗？
   □会　□不会　□偶尔会　□看看再决定　□其他

7. 您决定购买一本书的因素包括：
   □内容　□封面　□书名　□朋友推荐　□媒体推荐
   □作者　□其他

8. 您比较喜欢的阅读类型有：
   □人文历史类　□财经类　□管理类　□励志类　□小说类
   □纪实文学类　□传记类　□散文、随笔类　□女性、生活类
   □亲子、育儿类　□科普类　□其他

9. 您觉得本书有何不足之处，您有何修改意见或建议？
   _____
   _____

10. 有没有您想读但市面上却没有的书？
    _____
    _____

您的姓名_____性别_____年龄_____职业_____
邮政地址_____
邮政编码_____手机_____
E-MAIL_____
QQ_____微博_____